商圈
散步地圖

スイーツ／스위트

①一之軒（信義店）

物超所值、高貴不貴的人氣伴手禮名店

地址：10651 台北市大安區信義路二段 226 號
電話：02-3322-5566

③芋頭大王

五十年老店，美味芋頭收服顧客的心

地址：106 台北市大安區永康街 15 之 4 號
電話：02-2321-7649

⑧照起工精品茶

走入有茶園的茶店，喝一杯有文化底蘊的好茶

地址：106 台北市大安區永康街 45-1 號
電話：02-2394-3535

⑨ ZQG Ice&Tea

飄散濃濃茶香的義式冰淇淋，
職人製作新感覺冰品

地址：106 台北市大安區永康街 30-1 號
電話：02-2356-9090

⑩ MATCHA ONE

新時代抹茶，年輕時尚的飲品新潮流

地址：106 台北市大安區永康街 75 巷 16 號
電話：02-2351-0811

⑬ boite de bijou 珠寶盒法式點心坊麗水店

用美好的甜點烘焙，
傳遞舌尖爆炸的幸福感受

地址：106 台北市大安區麗水街 33 巷 19 之 1 號
電話：02-3322-2461

レストラン／레스토랑

②大來小館（永康店）

創新口味的健康台菜，一口吃進家的溫情

地址：106 台北市大安區永康街 7 巷 2 號
電話：02-2357-9678

④誠記越南麵食館

兩代傳承革新，
打造台北市第一名的越南麵食

地址：106 台北市大安區永康街 6 巷 1 號
電話：02-2321-1579

⑥永康刀削麵

日日現做麵條，欣賞刀削麵現場表演

地址：106 台北市大安區永康街 10 巷 5 號
電話：02-2322-2640

⑪ L'Air Café & Nèo Bistro 風流小館

進入法式小酒館，
享用一餐富有創意的法國料理

地址：106 台北市大安區金華街 164 巷 5 號
電話：02-3343-3937

⑫ Take Five 五方食藏

輕食店結合有機雜貨店，
打造健康、安心的生活品味

地址：106 台北市大安區青田街 6 巷 15 號
電話：02-2395-9388

本屋／서점

⑤永業書店

超乎想像的人情書店，
什麼都有的萬能雜貨店

地址：106 安區永康街 6 巷 16 號
電話：02-2322-5451

サロン／헤어 살롱

⑦ H Gallery Hair Salon

體驗獨特服務，
享受充滿樂趣的台式洗頭

地址：106 台北市大安區永康街 31-1 號
電話：02-2341-5643

放哲學

理事長和永康商圈永不妥協的致勝祕訣

李慶隆 著

目錄

第一章 一個草地囝仔 口袋只有五百元 胼手胝足打天下

第二章｜從擁有到享有 人生更圓滿

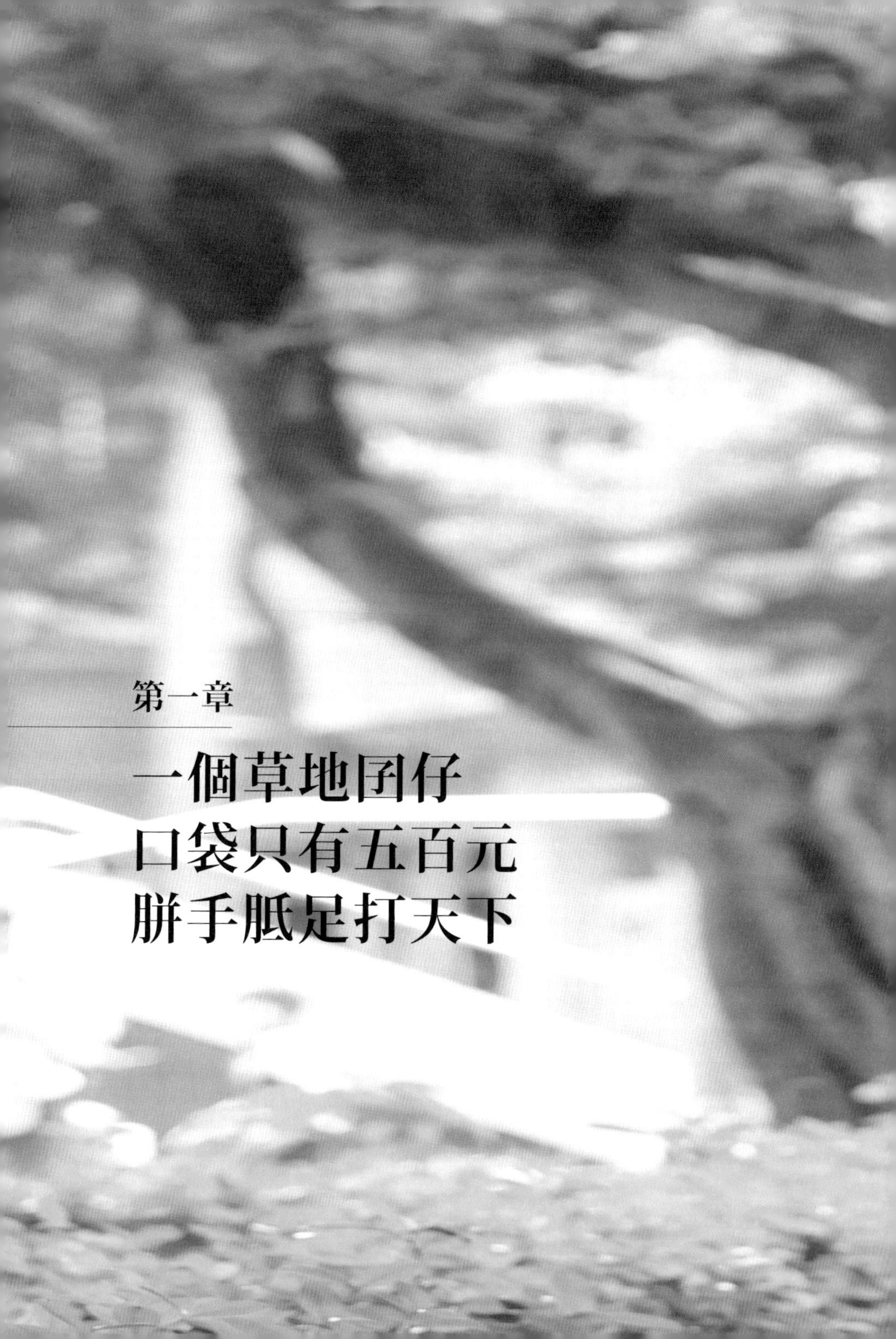

第一章

一個草地囝仔
口袋只有五百元
胼手胝足打天下

成為九十七%裡的佼佼者

從小我就害怕看到薪水袋，甚至恐懼到無法當個普通的上班族，所以當「頭家」是我人生中唯一的出路。會如此恐懼是因爲小時候看著爸爸每個月將當老師的薪水袋交給媽媽，這八百元要養一家七口，包括父母、祖母及四個兄弟姊妹。所以每到十五號，家裡的小孩就「挫著等」，因爲爸爸會責問媽媽：「我月初把八百塊全部交給妳，現在也才十五號就已經沒錢，妳是怎麼花的，我們下半個月要怎麼生活？」然後兩人就開始吵架。

爲了掌握媽媽的每一筆開支，爸爸要求她記帳，青菜一斤多少、肉買了多少，全都要清楚交代。當時的我覺得爸爸實在太嚴苛，但後來漸漸了解是現實所逼。經濟壓力壓得全家人喘不過氣來，因此爸爸的情緒常常不好，他很疼小七歲的媽媽，就將怒氣全都發洩在孩子身上，尤其是脾氣倔強的我，往往成爲他最好的出氣筒，被打被罵都是常態。在這樣的環境下長大，讓我對薪水袋沒有任何好感，根本不想拿到它。更何況我很小的時候就知道，自己不是讀書的料，只有做生意才是我的路。

我二十四歲就來到永康商圈賣房子，這裡是住商混合區生活水平很高，因此我常會想，台灣有二千三百萬人，軍公教人員只占人口的三%，大約八十萬人，許多年輕人卻將自己的青春歲月花在考試，讀書讀得這麼辛苦、拚得要死，只為了考上軍公教，圖個溫飽。但是現在的社會裡，年輕人只靠一份兩、三萬元的薪水，有可能養一個家庭嗎？答案是不可能！所以我認為除非你的個性極為安穩及安逸，覺得「人生這樣就好」，否則不應該只想成為這三%，應該努力去爭取更大的一塊餅，那九十七%的機會。

其實，現在的大環境已經逼得很多年輕人不得不去創業，這不是喜不喜歡的問題，而是環境逼得你必須要接納。所以我非常鼓勵年輕人要自己動腦筋創業，並且不要父母或長輩的金援，現在政府很鼓勵年輕人創業，推出許多優惠政策，像是青年創業貸款，利率很低，在台北市一個人可以申請兩百萬，年輕人創業都會呼朋引伴，邀約兩到三個好朋友合作創業，一個人申請兩百萬，三個人就有六百萬，這樣就夠用了。**只要肯努力，就有機會成為九十七%裡的佼佼者。**

錢從外面賺的才是本事

我很小就體會到金錢的重要性，這樣聽起來好像太銅臭味，但想要孝順父母，就必須先照顧好自己的生活，經濟無虞，才能讓父母放心，也才能好好孝順。想要行善，同樣也必須先有一定的經濟基礎，才能有更大的影響力與能力，幫助他人。所以賺錢一直是我的目標，這樣才有機會實現我更大的夢想。

但賺錢，要從外面賺回來才是本事。若是接受家裡或長輩援助，那就失去成長的動力與磨練。現在有些人甚至因爲收入低、不想結婚，一直到三十、四十歲都還找不到自己喜歡做的事，也沒辦法讓自己的能力得到發揮，相對的，也沒有成就感，只好成爲「啃老族」，蹲在家裡讓父母養，但父母能養你一輩子嗎？這樣的人生快樂嗎？所以一定要趁早勇敢的站出去，打造屬於自己的舞台，去賺人生的第一桶金。

該怎麼做？就像想考公務員的人，很多都是在大學時代就開始準備了，創業也一樣，必須提早準備。可以利用大學四年的寒暑假到餐廳等服務業打工，從基層做起。例如到餐廳當服務生，除了端盤子，還要擦桌子、掃地、掃廁所，也要學會服務與應對。

就算你很會念書，考上了第一學府台大，同樣也要從基層做起，無論老闆或主管交付的任何工作，都要無怨無悔去做。畢竟還年輕，**彎得下腰去做最底層的工作，才能真正了解一家公司或餐廳營運必須知道的所有事情**，每一件工作都要親自體驗，不是用想像或用看的，這樣遠遠不夠。

心量要大，自我要小

台灣與日本、韓國不同，日、韓多半是大型公司當道，但台灣經濟起飛靠的是中小企業主的打拚精神。近年來我觀察到年輕人仍然想創業，但絕大多數人卻失去這打拚精神，只想輕鬆當老闆，若是抱持這樣的態度，想成功，當然困難。

我自己剛進入職場就是從「工友」做起，因為有這一年的工友經歷，讓我深刻了解要成立一家公司或經營餐廳，必須什麼都懂。要**把自我壓到最小，用最謙卑的態度觀察、學習**。當老闆並沒有外表看起來那麼輕鬆，要學會的技能遠多於員工。假如你開的是餐廳，那至少要學會三件事，第一個是專業，就算請了一位專業主廚做菜，你還是要懂得菜是怎麼做的，否則師傅一離職，餐廳就不能營業了。第二是財務管理，很多人會賺錢，但是守不住，或是不會計算成本，這樣開店有什麼意義？第三是人事管理，不管與同事的互動或和主管的應對，都要懂得分際拿捏，還必須懂得帶領團隊的方向，如何**識人**、**用人**、**留人**？更是必修課題。

我常說：「**大分寸，小格局。**」格局要看得遠沒錯，但細微處更不能忽略，而分寸拿捏更是大事，人與人之間的微妙眉角往往比任何事都重要，尤其是想創業，人和絕對是第一要素。**遇事少計較，心量要大**，相處久了，別人自然會感受你的誠懇，也才願意與你共事。

為自己負責的美式教育

我建議年輕人剛創業時可以把目標訂得低一點，不要一開始就到永康商圈等超級戰區，我稱它爲「甲級戰區」（第一線），這樣你挫敗的機會很高、士氣也會動搖。雖然我自己第一次創業就是從永康商圈這個一級戰區開始，但當時與現在的時空背景不一樣，所以還是建議年輕人可以從丙級（第三線）開始，花最少的經費和人力去創業，先試試市場的水溫，看看客人對產品的接受度高不高。做得好，再從丙級到乙級（第二線），最後再攻入甲級戰區，漸進式的由外往內。

如果你的實力足夠到永康商圈開店，並且生存下來，那麼未來要拓點或者是開放加盟店一定沒有問題。當然這個過程一定非常艱辛，也不會短時間內就順利完成，但只要想清楚自己想要的，那就放手去拚。在台灣的市場，年輕人不適合扮演小白兔或羊，你要讓自己變成一匹狼、一隻老鷹或老虎，這樣的積極與鬥志，才能在創業環境裡生存。

我一直很崇尚美國的大學教育，他們**以自由靈活的教育，培養了學生獨立自信思考的能力。**孩子從小就需要獨立性、責任心、選擇能力和判斷力。我很慶幸早在五十年前，父母就用美式的教育來教導我，雖然父親對我很嚴厲，卻給了我很大的自由，讓我成爲自己生命的主人，我想選擇什麼樣的工作，父母完全沒有干預，我的人生道路，由我自己去選擇。當然，好壞也完全由我自己負責。

十七歲就做成了第一筆生意

家裡的環境讓我從小就得看爸爸的臉色過日子，但我的個性很不服輸，知道這不是辦法，「我一定要快點長大，靠自己賺錢」，這樣的念頭從來都沒有消失，而且越來越強烈。直到十七歲時，我有一天在報紙上看到一則分類廣告，內容是貿易商收購金絲雀，這則吸引了我的目光，我知道我的機會來了。

我家住在草屯，與中興新村大約只有十分鐘車程，那裡有很多軍公教人員，他們住在政府分配的宿舍，前後都有庭院，有足夠的空間養鳥，而且因爲公務員的收入固定，能在家賣鳥賺點外快，對他們也非常有吸引力。

於是十七歲的我很大膽的成立了「雷鳴養鳥協會」，我擔任會長，到中興新村輔導四、五十歲的老師和校長們養金絲雀，他們只要在前後庭院空地搭建養鳥的地方，由我負責收購，就可以輕鬆賺錢貼補家用。那時我收購一隻金絲雀一百一十元，交給貿易商可以賣一百二十元，等於一隻可以賺十元，一個月交四百隻就可以賺進四千元。範圍遍及草屯、中興新村、南投、員林、彰化、埔里、水里等地，因為這些地區的氣候、環境非常適合，所以產量很穩定。當時爸爸在學校當英文老師的收入是一個月八百元，四千元足足是他收入的五倍，我光是利用假日及寒暑假的兼差就超過他的年薪。這筆收入讓媽媽和兄弟姊妹，終於可以眉開眼笑的過日子。

為了要把收購的鳥交給貿易商，我必須先搭客運到台中，再坐火車到桃園、新竹。路上常會經過一大片稻田，有一大片麻雀爭相覓食，我看著窗外自由飛翔的麻雀，再低頭看看膝蓋上籠裡的金絲雀，兩相比較下，我更堅定告訴自己，**我要做一隻自由覓食的麻雀，一切靠自己。**

母親放手，成就了我

因爲家中經濟因素，所以父母對我們兄弟的未來很早就做出了規畫，爸爸的個性比較務實，他希望讓我們兄弟去讀不用學費的學校，大哥很會讀書，就去考國防醫學院，以後當醫生，我書念得比較差就去考士官學校，以後當軍人。媽媽知道了立刻生氣的說：「你給我閉嘴，不能再講這種話，這兩個小孩交給我來規畫。」並且說：「老大一定要考上醫學院當醫生，但是絕對不能去讀國防醫學院。老二以後去做國際貿易。」

在那個年代，能做貿易是很了不起的事。依照媽媽的規畫，退伍後我一定要到台北，才有機會從事貿易。所以當我一退伍，她就堅持要我上台北，雖然她很疼愛我，卻依然決定心痛的放手，沒有經過我的同意，就去買了一張台中到台北的對號火車票要我北上。離家那天，儘管已經二十多歲了，我依然像個孩子躺在床上，哭著耍賴說：「媽，我是一隻小鷹，我眞的只能飛三百公尺，就是草屯到台中的距離，我有信心在台中能發展得很好，我不要到台北。」

民國六〇年代，從草屯到台北就像出國一樣，我沒有信心自己能接受那種挑戰。爲了說服媽媽讓我留在台中，我甚至已經找到在台中當化妝品業務的工作。但媽媽的態度非常堅定，她說：「我對你非常有信心，你絕對可以飛到一千公尺，你放心，一定要到台北。」她這樣安慰我、鼓勵我，半騙半拐的帶我去搭車，還塞了五百元放我口袋，就這樣，我來到了台北。

其實大姊在台北已經幫我找到一份工作。她自幼得到小兒痲痺，雙腳不良於行，但是長得很漂亮，在台北統一飯店的櫃檯當接待人員。那時名歌星許景淳的父親許不龍很喜歡去統一飯店吃飯，因此認識了大姊。有次正好提起我退伍正在找工作，許董很阿莎力的拿名片給她說：「我們公司正好缺總務，要他過幾天來找我報到。」

原本媽媽的計畫是讓我到台北，去美軍家中當保母，學一年英文後，再到貿易公司上班。她一直認爲我是做生意的料，以後也會成爲賺大錢的生意人。但是我的英文不是很好，那時很多美軍住在台北，她建議我到他們家裡幫忙帶小孩順便學英文，不但不用學費，還有薪水可拿。不過人生很奇妙，陰錯陽差之下，我到了許董的建設公司當工友，在那裡發現了房地產是一門好生意，一投入就是四十多年。對我來說，進入房地產業是人生很大轉變，如果大姊沒遇到許董，我應該會照著媽媽的規畫成爲一位貿易商，說不定早已定居美國。人生沒辦法說好或不好，卻因此讓我的職場轉變方向，走向另一條意外的生命旅程，命運很奇妙。

從工友成為最年輕的經理，只花了一年

到了許董的建設公司報到後，才知道原來「總務」只是講起來好聽，我的工作內容說穿了就是「工友」，負責倒水、換燈管、倒垃圾等打雜工作，這份工作說實在話一點前景也沒有。但在公司不過幾個月的時間，透過觀察我已經發現房

地產是門好生意，也很適合白手起家的我。所以雖然我是工友，但並沒有把自己看得很低，反而去思考這份工作的優點是什麼。當工友，在公司的地位很重要，我們照顧所有員工在公司的日常一切，燈不亮、影印機壞了、沒人倒水，都會影響工作效率。工友很重要，但存在感卻很低，就算開會時進入會議室，也沒有人會注意到，這時我就會打開耳朵，聽主管和同事們討論各種議題，讓自己學習更加快速。當時我對自己立下目標，未來一定要在這個領域做出一片天。更在心裡許下「一年後我要成為主管」的願望，不甘於永遠只是工友。

為了實現這個目標，我每天工作超過十五個小時。那時我是八點上班，於是利用每天早上五點到八點這三個小時，在台北市做房地產的市場調查，我立志在三個月之內成為一本房地產的活字典。怎麼做？我騎著一部五十C.C.的老舊摩托車，買了一顆菠蘿麵包和一盒福樂鮮奶，帶著台北市地圖和鉛筆上路。台北市有很多區域，包括大安、松山、萬華、大同、中正、中山、文山、景美等，每天我會安排不同的路線，例如今天是了解羅斯福路一段，明天到羅斯福二段、後天到羅斯福路三段……每個區塊認眞的去拜訪，並且有技巧及目的的做市場調查，在一問一答間了解附近的區域及行情，然後用鉛筆做簡單的標註。每天在公司到晚上八點下班，回家後再將當天早上所收集到的資料，用原子筆記錄下來，整理成一本房地產字典。

除此之外，我每週會到補習班上課兩次，修習的課程包括建築法規、設計圖等。半年後有一次偶然機會，我將自己的市調心得在會議中向董事長報告，他很欣賞，便指派我擔任營業部經理，負責管理開發部、業務部、廣告部三個部門，職員共有四十五人，大多數人年資都比我資深，甚至有很多人年紀超過五、六十歲，而當時的我只有二十二歲。從工友到營業部經理，我達成了自己設定的目標，只花了一年時間。期間面對很多人的嘲笑，認爲我的努力只是多餘，但我沒有失意。**不管這個目標看起來多麼不切實際，我還是相信自己的能力**，再怎麼樣說，我也是大專畢業，只要補足房地產專業知識，在適當的時機表現自己，就能獲得董事長的賞識。**命運，在做出行動的那一刻改變了**，它扭轉了我的未來，所以，有想法就去執行，不要怕吃苦，成功自然在遠處等待著你。

二十四歲開公司，挑戰一級戰區

剛進公司時，他們正在石牌明德路推出五百戶的「錫安新城」，我升到營業部經理時剛好規畫完成，憑著之前奠下的基本功，再加上當時台灣景氣很好，所以我的銷售成績非常好。曾經一天賣出一百戶房子，破了業界紀錄，當時一坪房價一萬二千元，基本房型是三十坪，十信還派出六位櫃員來公司點鈔，一百間房子的收入有多可觀，由此可見一斑。

這個案子後，董事長更加器重我。那年年底公司要投資白沙灣海邊別墅，但我很不看好這個市場，我以自己的市調經驗告訴董事長，台灣人喜歡住在交通方便的市區，海邊別墅交通不便，進出都須開車，只適合度假不適合居住，而且海邊的建材容易生鏽腐蝕，所以這項投資必定失敗。但很可惜，公司最後仍執意要推案，所以我便決定辭職，事後證明我的判斷是對的，公司的投資果真失利，甚至因此拖垮了整個公司，沒有多久就宣告倒閉。

後期發生過一件令我印象很深刻的事，當時我們午餐的便當是由公司出錢跟便當商長期訂購，但由於公司周轉不靈，積欠了一段時間的便當錢，有一天正在用餐時，廠商走進來把吃到一半的便當全部收走，很兇的追討款項。業務部的同事都是女生，或許是驚嚇，或許是擔心未來，七個女生全都趴下哭了起來。這更**讓我感受到金錢的重要，沒有了錢，連尊嚴都沒有。**

很多人把對金錢的欲望稱之爲貪婪，並且痛恨貪婪、指責貪婪，這是錯誤的。因爲**貪婪的動機往往也能帶動這個社會繁榮與進步**，只要拿掉負面想法，把貪婪這個觀念稍稍轉變一下，用正面的手法取得，那我們就可以稱它爲進取。

當初我踏入房地產的第一個月，便已經發現這行賺得很快，而且很好賺，最迷人的地方還在於不受年齡限制，就算活到七、八十歲也可以做，甚至隨著年齡增長，經歷更豐富，更能將經驗運用在服務客戶上。而且將錢投資在房地產也很快就可以獲得報償、翻轉人生。年輕的我對工作充滿熱情，看到它的優點，於是跟隨自己的心，大膽選擇了這個行業深耕經營，自此撩下去、再也不出來，成爲我一生中的最愛。

我很慶幸在這麼年輕的時候就可以找到值得投注一生的事業。離開公司後，我馬上決定自己創業，當時我來到永康商圈設立公司，爲何選擇這裡？這又得歸功當初在建設公司的第一年，天天騎著摩托車跑遍台北市所做的調查，讓我相信，永康街是台北市最好的區域。永康街的地勢高、土壤又硬。在挖捷運站時，麗水街口是全台北市挖得最深的地方，捷運公司往下挖了七十二公尺，一個樓層約三米，等於挖了二十四樓層的高度，可見得這裡的土質之好是台北之最。既然要創業，當然要選擇地質最好的地方。

我一開始是和舅舅合作，由他出資，我來經營，合作兩年後因爲理念不同，我便買下他的股分自己當起老闆。會決定這麼年輕就創業，一方面是因爲人生眞的很短暫，既然不想領死薪水，那就只能靠自己的能力去找到一個好的立足點，因爲**花同樣的時間去努力，好的立足點會帶來更好的成果，打拚才更有價值。**對我來說，永康商圈就是這樣一個地方。

不能等，要積極，任何事都一樣

我做任何決定都很快，這是受到媽媽的影響，她雖然沒讀過太多書，只有國小畢業，但是她從小就給我們一個觀念，對任何事情都要很積極，要和時間賽跑，所以她經常說的一句話就是：「不要等！」

媽媽是個講理、意志力又很堅決的人，我的哥哥很會念書，因此她認為大兒子以後一定要當醫生。大學聯考放榜那天，下午兩點半，我們全家人守在收音機旁，當聽到哥哥的名字出現在高雄醫學院藥學系，他還在猶豫要不要去讀時，媽媽停頓一秒鐘後說：「孩子，你聽清楚，你是當醫生的料，你重考！」

當天下午四點半，媽媽拿著一根長長的竹竿，帶著我和哥哥，三個人在草屯鄉下四處找房子，她想租下一間與世隔絕、安靜的三合院，讓哥哥在那裡專心念書。放榜是在七、八月的夏季，天氣很炎熱，媽媽走在前面拿竹竿，目的是為了趕走草叢裡躲藏的蛇。我和哥哥跟在她後面，找到下午五點半，終於在田中間找到一間老舊的土角厝，屋主願意出租，於是媽媽便租下三合院，並且要求我陪著哥哥，過起如書僮般，陪睡、伴讀的日子。

那時我在台中上學，每天搭公車往返，下課後再騎二十分鐘的腳踏車回家，拿著媽媽準備好的兩個便當，再騎到三合院和哥哥一起吃晚餐。三合院裡非常安靜，四周都是蟲蛙的叫聲，晚上天氣涼爽，各種蛇類就會爬到三合院的廣場，嚇得我晚上也不敢踏出門口，加上各種昆蟲，這種生活雖然很自然、很原野，卻也很駭人。

放榜當天從兩點半到五點半，短短三小時，媽媽的積極與快速決定，讓我和哥哥的未來也就此穩定了下來。雖然哥哥為了大學聯考已經埋頭案桌，熬夜苦讀長達兩、三年時間，但媽媽以身教告訴我們，一刻都不能浪費，做了決定，就馬上實行。這樣的態度一直影響著我。

就這樣苦讀了一年，哥哥終於如媽媽所願考上醫學系，我跟著哥哥閉關一年，也考上了獸醫系。媽媽遇到親朋好友都笑說：「今年我兩個孩子都考上醫生，一個醫兩隻腳、一個醫四隻腳。」她認為兩個孩子都很棒，所以這樣幽默的比喻。

可惜後來因爲我志不在念書，加上以後打算從商，所以改念了商科，放棄獸醫系。

在嶺東商專會計科奠下基礎

後來，我進入嶺東商專（現在的「嶺東科技大學」）會計科，這裡是我展開雙臂、迎向人生的新起點。我是會計科第三屆的學生，因爲家住草屯往返不易，必須住校。那時學校規定，住宿學生要在學校晚自習，生活過得非常規律。加上學校位於成功嶺旁的大肚山，滿山紅土種植白甘蔗，空氣很好、風很強勁，冬天非常冷，加上沒有可以遊玩的去處，所以住校這五年，讓我學習上很充實，對我有很深的影響。

在校時期，我最要好的同班同學是黃東榮，他的成績非常好，精通會計學和統計學，大學畢業就考上會計師執照，在台北經營萬國會計師事務所。在那個年代，會計師錄取名額非常少，連台大畢業生也很難一畢業就考上，足見他的實力，也可見嶺東商專在專業傳授上奠定了很好的基礎。

沒有最好的時機，只有最好的行動

媽媽對待事情的態度和觀念，讓我一輩子受用無窮，哥哥租屋重考的事只是一個例子，她認爲做任何事情都絕對不能等，**沒有最好的時機，只有最好的行動**，只要一旦做了決定，立定了方向，那就立刻去做。

媽媽對自己很有信心，而且很有遠見，在教育小孩時會了解我們的天分，很早就發覺並堅持我們必須朝著天賦努力。她也很懂得放手的道理，雖然每個孩子都是她的心肝寶貝，但是什麼時候要放，她心裡很清楚。她也希望孩子不要浪費時間，有的母親會希望小孩多嘗試，再從過程中找到自己喜歡的事。但我的媽媽非常反對小孩去嘗試碰撞，她認爲在做一件事之前，只要能認眞評估計畫，必定能一次搞定。

一個人如果活到八十歲，一年三百六十五天，我們的一生只有兩萬多個日子，生命那麼短暫，想要爲什麼還要等？如果喜歡一個女孩子，想等到時機成熟時再來告白，一年、兩年過去還在考慮怎麼開口，就像電影《那些年，我們一起追的女孩》，等到最後殺出程咬金，她都已經要嫁給別人了。求婚也要有企圖心，一旦決定，就用智慧、用最快的速度去了解她。了解一個人有這麼困難嗎？有的人花了十年的時間，最後仍然得到「我對你了解還不夠多！」的答案，不是嗎？

買房子也是相同道理，有人想等個三、五年，等房價下跌再來買，結果從一坪二十萬元等到一坪六十萬元，再也買不下去。爲什麼要等呢？房子一坪二十萬時，雖然手頭的現金沒有那麼多，但是可以運用槓桿原理，這是房地產投資最讓人心動的地方，甚至可以先用投資的角度來看待房子，先買下再轉賣，有賺錢再買，這樣就可以加快賺錢的速度，也許短短一年就可以累積到一筆錢，進而買到理想中的房屋。你一直等，只能眼看房價高漲不回頭了。

所以我非常感謝媽媽，如果沒有她，我們兩兄弟不可能有今天這些小小的成就。她給了我們很好的觀念外，也不斷給我們信心與鼓勵。「你放心媽媽對你有信心，你的能力很強，你以後一定會超越他們。」「相信你絕對有這個能力，一定能達到，分分秒秒都不要等待，想要什麼立刻去做。」這就是我最佩服媽媽的地方，永遠正面思考，而且樂觀。

你有夢想嗎？有喜歡的女孩？有想要投入的事業？不要等，立刻行動，天底下沒有最好的時機，只有最好的行動，一切都是自己行動作主。現在，立刻去做。

屢出奇招，一級戰區闖出頭

取個第一印象絕佳的好名

我從二十四歲來到競爭激烈的永康商圈創業，深耕迄今已經四十多年。剛創業時資金不多，所以要靠自己動腦筋，我將公司取名為「三代建設公司」。為何要叫「三代」？因為這個名字給人的感覺是我的祖父、父親都從事建築，傳承到我，所以叫做三代。當然實際上他們都不是從事這個行業，但是我要建立客戶的第一印象，畢竟買房子是大事，對公司有基本的信賴，才可能將購屋大事託付出去，所以我希望營造專業與經歷豐富的印象。

凡事起頭難，但也不是有了好名字就能成功，還必須要有名氣，有口碑。那就必須行銷、打廣告，但是我沒有資金，想花錢廣告根本是不可能的事。所以我靈機一動，想到一個方便的社會資源。

免費打廣告，一舉三得

民國六十三年成立公司時，台灣還是農業社會，台北市最熱鬧的地方是西門町，上班族下班後唯一的休閒娛樂就是去看電影。觀察到這個現象後，我鼓勵員工下班後去看電影，電影票的錢老闆付。爲什麼這麼大方？因爲我要求他們電影看到一半時，拿紙條給電影院的服務員說：「三代建設公司李經理外找！」

當時電影院會在螢幕旁邊刊登廣告，但費用不菲，不過有項免費的服務，就是有人外找時，電影院會幫忙打上大大的字幕，好通知看電影的客人。於是我想到可以利用這個機會打打另類的廣告，讓員工下班後輪流到西門町的電影院看電影，這樣各家戲院上就常會有「三代建設公司李經理外找！」字幕，連續半年，常看電影的人多半都會有個印象：「有位李經理，正在這裡看電影，他在三代建設公司上班。」

一張電影票花不了多少錢，能讓員工在下班後有很好的娛樂，還能免費幫公司打廣告。可以說是花最少的錢，在最貴的戲院、最好的黃金時段，打響三代公司的知名度，也打響了李經理的名氣。後來很多客人都說，我對你有印象，甚至有人會問：「你是三代公司？那你是不是李經理？」買賣房地產對很多人來說一生只有一次，好不容易省吃儉用，存了二、三十年的錢，當然會非常慎重評估要將這個交易委託給誰。就算有實力，至少也要有一點知名度，人家對你才會比較放心，這就是要自己去動腦筋設想的。

經營人脈，任何環節都不放過

經營房地產必須做好鄰里關係，除了拜訪鄰居，我還發現一個很好的方法。永康商圈住家多是四層樓公寓，上下都要爬樓梯。這裡的住戶大多到東門市場買菜，我經常遇到六、七十歲的歐巴桑，兩手拿著籃子，裡面裝著滿滿的菜，沉甸甸的、很重。此時我就會主動上前幫忙，將菜籃提上去後，再親切的遞上名片自我介紹。

每個月平均幫助過一百位歐巴桑，用這樣的服務、慢慢建立起良好的鄰里關係，並開發生意。有時候不是她們自己要賣房子，而是隔壁鄰居有人要賣，她們也會主動打電話通知我：「少年耶！你對我這麼好，我告訴你，隔壁鄰居的房子要賣。」得到第一手消息後我馬上去洽談。這樣打拚，又有人緣，生意當然做得最好。

當時賣房子都會在報紙刊登廣告，我想盡一切辦法認識在《中國時報》與《聯合報》做分類廣告、排版的人，請他們看到永康商圈的房子要賣先通知我。在隔天一大早報紙還沒送到家家戶戶前，我就已經去找屋主談好了，當然，若是介紹的物件成交，我也會包個紅包答謝他們，維持好關係。

就這樣，我公司的業績扶搖直上。永慶房屋孫慶餘董事長就曾經說過，他跟信義房屋周俊吉董事長兩個人在大安區的業績加起來，還拚不過我一個人。這是因爲我是天秤座，又是B型，所以**在我的字典裡沒有「敵人」兩個字**，所以我看待同行也同樣尊重，認爲是可以學習的競爭對手，而不是冤家。許多人會有一山不容二虎的觀念，這是錯的，**當有人要來跟你競爭的時候，正代表對你的肯定**，應該抱持良性競爭的態度，而非敵視。

這樣的狀況一直到第六年遇到台美斷交，那時候的房地產只有一個「慘」字。民衆擔心中國對台武力侵略，社會上更掀起了移民潮。經濟重挫自然不在話下，走在台北街頭隨處可見垂頭喪氣的人，以及「售屋」的紅色廣告單。那時候房地產慘到打折賤賣都沒人想接的地步。

逆勢操作，讓景氣升溫

沒人敢買房，因爲對未來有著極大的不安全感，於是我想到一個逆勢操作的方法。我開著一輛二手的「銅公仔車」到中央果菜市場買了好幾箱水果，載回公司後，請同事幫忙分裝成一盒盒精緻的「水果禮盒」，再拿著它去拜訪潛在買主。景氣眞的很冷，但是我們要製造溫度，能升溫靠的就是我們的信心和專業。

拿著禮物親自上門，對方通常都會請我們進屋子坐坐，再端上一杯熱茶。除了寒暄，我還會進一步分析目前的市況，告訴他們，現在的房價已經跌到了谷底，是買房進場的最佳時機，而且現在是買方市場，台北市四處是屋況、地段很好的房子，滿街優質的房屋隨你選，還可以用物超所值的價格買下過去很想買，卻無法入手的好屋。

聽了我的分析，十個收下禮盒的人有四個眞的會走出家門看房，最後並且買下。當時我鎖定大安區的房子，用專業替客人篩選好屋，例如這個區域有十戶要賣，我會從中挑選兩至三戶客戶比較喜歡，且未來有升值潛能的標的。在價位上，也替盡力爲買方議價，殺到比行情還低一點點，這就是我的工作。隔幾年，客戶在馬路上遇到我，還會很興奮的走上前來向我說聲「謝謝！」他讓我賺到佣金，還眞心向我道謝，這就是因爲我的經驗和專業幫他們挑到眞正超值的物件。

Open House 引領風潮

當時房地產仲介的工作很被動，大多數售屋人員都是坐在辦公室裡等買主上門。面對不景氣，我鼓勵房地產仲介不要在辦公室裡面等死，應該要把銷售網跟戰線拉到外面。客人既然不主動上門，我們就走出去接觸他們。所以我發明了Open House，在人潮走動的地段，撐把洋傘、放兩至三張活動塑膠椅子，再寫幾張看板，標示出讓人心動的房屋及價格。

它很輕巧，就算警察來取締也可以立刻收起來，不會受罰。既迷你又可以移動，我又稱它是「移動的迷你攤位」。做個 Open House 花不了什麼錢，卻可以用最小的成本，得到最大的效益。後來許多仲介開始模仿，在台北街頭四處可見Open House。主動出擊這招，讓不少房屋仲介做出成績賺到錢，也間接扶養了許多家庭，想到我的創意不只讓自己賺到錢，對許多人也有幫助，就感到很安慰。

怨現在景氣不好嗎？在過去的年代，景氣同樣也是高低起伏不定，想找份好工作不容易，想在商場上創業殺出一條生路，死在戰場上的人也很多。要如何求生存、打敗競爭者，用最少的資金獲得最多的社會奧援，靠的是創業的腦袋。所以我鼓勵年輕人，**任何時代都是創業的時代，只要找出可以運用的社會資源，成功就是你的。**

第二章

從擁有到享有，人生更圓滿

從自卑到成功，終於獲得認同

從事房地產讓我積攢了一些錢，看起來似乎是個風光得意的生意人。然而過去的我卻極爲自卑，是個完全沒有童年的人。我生長在一個大家庭，祖父李春盛十六歲就已經是清朝的秀才，後來當上南投草屯鎭鎭長，家族經營不少事業，稱得上是個大戶人家。祖父在草屯是望族仕紳，他曾名列於日本人撰寫的台灣誌百大人物中，足見其在台灣顯赫的地位。其中一位伯父李國禎，則自日本早稻田大學畢業，當過南投縣第一、二屆縣長。

要在這個大家庭生活實在很不容易，由於家族人口龐大同住在三合院，所以每天用餐要席開十桌，至少一百人，吃飯時還要敲鐘提醒，可見幅員之廣。祖父娶了四個老婆，我的祖母是大房從老家帶來的丫鬟，所以在家族中的地位極爲卑微，生下我父親後並沒有因子而貴，反而備受大房、二房、三房的欺侮。曾經很紅的《後宮甄嬛傳》劇中上演的各種爭寵情節，就是我身處的眞實世界。

爸爸婚後仍然住在大家庭裡，所以我從小就在這樣的環境成長，我們在家族裡沒有任何地位，不管長輩還是平輩見到我們，語氣嘲諷都還算是客氣，最讓人無法忍受的是直接忽視，將我們當成「空氣」。印象深刻的是在清明掃墓時，家族會依勢力及權力劃分爲內圍區、中圍區、外圍區，越靠近墳墓的內圍區就是家族裡最有權力、影響力最大的。而我們家永遠被分在外圍，地位只比傭人高一點點而已。

長期在家族中被欺凌，讓我的個性變得很自卑，但卻又有一種不甘心、想要爭一口氣的念頭。自有記憶以來，我就發誓以後一定要賺大錢、出人頭地，這都是被環境逼出來的，在欺凌中長大的小孩通常都很早熟，所以我小時候和哥哥聊天的話題通常都是在談論未來。還記得九歲的某一天，我和哥哥坐在三合院的大門口，兩人各自坐在門的一邊，我問哥哥：「以後你要做什麼？」他說：「醫生。」我問哥哥爲什麼？他回答：「當醫生可以賺很多錢。」我說我要做生意，一樣也要賺很多錢。

我們都想要出人頭地，爲的是給那些看不起我們的人看，只是想證明我們的能力，而不是把遭受過的還諸他人。因爲太清楚言語的殺傷力有多大，後座力有多強，所以我們只是自我要求，只要出人頭地。

還記得有一回，住在台北的伯父李枝盈暑假帶著兩個兒子回草屯一週。他是台北非常有名氣的婦產科醫生，過去連總統的媳婦都是他接生的。伯父開著賓士載著家人回來，三合院門口有兩棵很大的玉蘭花，樹上常有麻雀跳躍追逐，兩位堂兄弟分別拿著空氣槍打麻雀。我和哥哥看著他們坐著高檔賓士車，拿著國外進口、很炫的空氣槍，心中忍不住羨慕了起來。哥哥說：「以後我當醫生就要買賓士車。」我說：「以後我做生意，賺的錢要超過伯父。」很難想像，兩兄弟在兒時最大的願望，竟然是賺錢。

許下這些願望的我們，當時的生活就如同在地獄裡，被三合院裡的長輩平輩欺凌不在話下，每到十五號父母就會吵架，然後爸爸就會打我出氣，罵的是三字經，打人時是拿藤條，但我的個性很倔強，從來不掉眼淚，心裡只是恨恨的想著：「我不服氣。」

在家常挨打的我，也將情緒發洩到同學身上，到學校看到同學不爽就打，因此在學校完全沒有朋友，加上我不愛講話，所以每天就是想著，我要超越別人，有機會就要表現。

這些年來，我從房地產仲介到建案規畫，漸漸經營出自己的口碑。以前受到我們兄弟羨慕的伯父變得很尊重我，從我上台北後，每一次過生日都會叫我去參加他的壽宴。有一年他對我說：「慶隆，在李家你的表現是最好的，我很以你為榮。」身為名醫的他要說出這番話是多麼的不容易，也代表我終於獲得認同了。

這些年來，隨著我和哥哥事業有成以及相繼加入教會，我們將之前所發生的不愉快及仇恨都拿掉了，第三代現在相處得都很融洽。經過數十年，**我的復仇成功了，卻不是報復了誰，而是讓自己過得更好**，讓自己事業有成、賺得財富、幫助更多人。

成功的正向法則

從事房地產四十多年，我發現人生很公平，你投入越多，得到的越多。心念愈正面光明，收獲也就越正向光明。我一直堅信：**成功的人有一種雪球效應，讓他與成功的人互相吸引，聚在一起動力變得更大，也會變得更成功**，隨之又再吸引更多成功的人，變得越來越強大。

一九九五年房地產正要開始熱的時候，民視主持人支藝樺有一天打電話給我，她說民視要找她主持一個節目，但是時間不好，安排在早上八點到九點最冷門的時段，請教我的想法。我告訴她，沒關係，就接下這個節目，就算在冷門時段也能做出最熱門的話題。我替她規畫一個房地產專題，討論房地產相關知識和買賣，邀請太平洋房屋的朋友一起上節目，一週一次，接受現場 call in。專題做得很成功，受到很多民眾的喜愛和討論，不少人會定時守在電視前等待收看。

同行看到節目都覺得我在房地產經營得非常成功，所以永慶房屋、信義房屋等企業都主動找我配合買賣物件，永慶房屋還邀請我去輔導店家，教導業務同仁如何開發和行銷。而我敢上節目談房地產並接受民眾 call in，代表我擁有專業和足夠的實力，我一直以成爲一本房地產的活字典自許，當我達到這個目標時，就會對自己很有自信。

賣房子時，我會訴諸理性和專業，先了解對方的背景，再來安排雙方見面的時間和地點，這件事相當重要，它和這筆生意能否談成立有很大的關係。曾經我要賣一間店面，請信義房屋幫我找買方，後來找到了，是一位七十幾歲的媽媽要買給離了婚的女兒。於是，我請他們幫忙安排下午五點半在淡水河邊的餐廳和她喝咖啡。言談間，我請媽媽看著窗外美麗的夕陽，告訴她，女兒第一段婚姻失敗沒關係，妳已經七十幾歲了，接近人生的夕陽，現在還可以再幫女兒找個丈夫，它永遠不會背叛她，租金每月高達十四萬，而且絕對不會劈腿，非常有保障。媽媽聽了我的話，掉下了眼淚，最後決定買下店面，替女兒找到最好的歸宿。

在我的協助下，許多人找到滿意的房子，過程中我也創造了自己的財富和信譽，很多人看到我如此成功，樂於接近我、和我合作。成功的人互相吸引，讓彼此變得更強大、更成功。我建議年輕人去找尋自己想要認眞投入的事業，找到後深入學習專業，建立並培養自己的正能量，就可以吸引更好的人來到身邊，讓一加一大於二，成功就會離你不遠。

將永康商圈推向國際

從日治時代以來，永康街就是知名的「富人區」。它緊鄰中正紀念堂、總統府、師大、台大等，日本人將這裡規畫爲政府官員的住所，並將住宅區建設得小而精緻，四處都是小公園，綠蔭很多，這個區域是全台北市樹最多的地方。在青田街想找一棵百年老樹太容易了，不僅有很多百年老樹，青田街還有二十三間日本宿舍已被列爲古蹟，永遠不能改建。此外，日本人治理台灣的時候，還將這裡建設成「藝術文教區」，非常有氣質。

住在這裡的居民也是台北市水準最高的地方，統計數字顯示，這個區域研究所以上學歷的居民是台灣第一名，加上不少官員、教授都住在附近，所以腹地的消費力很強。台北市政府在一九九六年規畫了信義線，將東門捷運站與永康商圈連結在一起，增加了交通的便利性。

深耕社區後，我更加覺得這裡很棒，它是住宅加商業的混合區，有足夠條件成爲國際商圈，可以和國際接軌。爲什麼？因爲有鼎泰豐和高記這兩家聞名世界的美食餐廳，吸引很多國內和國際觀光客來這裡消費。在早期，尤其是日本人，非常喜歡來永康商圈。那時我就想，既然客人都來到信義路、永康街口了，爲何不將他們吸引到巷弄裡，尋找台灣美食及更多的特色商品呢？

包容才能溝通

住商混合的區域非常方便，樓下或是走路兩、三分鐘就能吃到美食。然而這也是困擾之處，既要便利，相對就帶來了外來訪客，也相對複雜。因此引起許多住戶對店家抗議，常見的抗議包括噪音、垃圾、油煙、營業時間太長等問題，更嚴重的是造成雙方的敵對。爲了處理樓上住家和店家間的紛爭，我於一九九七年成立了「台北市永福生活圈社區發展協會」，主要功能就是扮演店家與樓上住家中間的橋樑。**如何關心而不讓人感到束縛，是最重要的課題**。

剛開始比較辛苦，過去這裡很多夜市攤販，十二點過後還在營業的小吃很多。透過不斷輔導，生意好的攤販慢慢變成店面，營業時間也漸漸縮短，我非常感謝店家，能夠立足在這的老闆都有一定的水平。我也經常向店家老闆說明一個觀念，人不能太自私、不能只考慮到自己的立場，也要考慮到樓上住家的安全問題，要有一個安靜的生活品質。在我的說服下，現在店家的營業時間最晚只到九點半，永康商圈總計有五百多家店，但有百分之九十五以上的店家在晚上十點前都已熄燈關門了。

早點關店對老闆來說很好，他可以早一點回家休息，照顧好身體健康，隔天更有精神服務客人，同時也可以讓樓上的住家里民有很好的休息環境，創造三贏。

過去台北街頭有很多流浪狗，牠們會在店家門口大小便，我看到流浪狗在店門口的大便都會主動掃掉，店家老闆看到我的舉動被感動了，也會要求店員出來掃，以後就很少看到門口有狗大便。做任何事，我都是先自己做給他們看，讓他們感動後，再來效法。**只要多站在對方的角度想，就能包容，而有了包容心，才有可能溝通**。這些都是身爲理事長，在面對複雜的人際關係與瞬息萬變、價值觀混亂的社會時，該具備的溝通特質。

擁有與享有

長久下來，店家老闆也漸漸了解，要自我要求才能在永康商圈生存。其實這裡的居民水平很高，也很講道理，只要店家願意配合改善，好好溝通都能夠互相讓步，漸漸接受。但是一開始推動協會工作也不是這麼順利，任何事都有個起頭，於是我開始推廣一個共好的觀念。

居民與店家其實都是永康商圈的共同體，不管哪一方出了問題，對整個商圈都是傷害，只有兩邊都好，才能讓整體效益發揮到最大。於是我透過不斷的辦活動，邀請住家一起來參與，比如插花比賽、包肉粽比賽、卡拉OK比賽等，讓住家與店家創造良好的互動。我很感謝福住里里長李欣芝，二〇〇一年她在社區成立一支「巡守隊」，成員近一百位，每天晚上分爲兩班，七點半到九點半一班、九點半到十一點半一班，每一組有二至三人。巡守時間到了，他們就會拿著手電筒挨家挨戶的巡邏，樓下大門沒關的就幫忙關，還會寫一張便條提醒住戶「隨時關門！」看到有垃圾會主動撿起來。發現可疑人物會主動通報管區警察。違規停車則會通知機關單位來糾正。

商圈裡有很多人是從中南部來台北市打拚的，每到農曆過年就變成空城，里長也會拜託當地的管區警察加強巡邏，並請人煮飯讓加班的員警吃頓溫暖的美食。後來店家也自發組織導護隊，永康商圈裡有三所學校，分別是金華國中、金華國小、新生國小，國小上下課時都會需要有家長在門口維持交通秩序，守護孩童的安全。這些店家主動成立導護隊，一做就超過十年。他們自己的小孩大多不在那裡念書，但為了住家的孩子們，他們願意放下手中繁忙的工作，在上下課期間到學校導護，真的讓人非常感動。這些種種，都讓永康商圈漸漸融合成一個大家庭，非常溫馨，也創造出獨一無二的價值。

同樣的，我也希望進一步分享自身的經驗，所以二〇〇〇年我成立了「台北市永康國際商圈協進會」，目的是幫助店家打整體形象廣告、經營行銷，並且用最快的速度提升他們的品質，以便可以和世界各國接軌，也引進各國美食。

我們舉辦了很多公益性活動，提升店家的形象。在二〇一六年推出「永康商圈爆感動快閃」，動員永康街的住戶與商家在永康公園唱歌，錄製、剪輯後放在YouTube，不到十天，點閱率突破一百萬人次，將永康商圈行銷到全世界，讓全世界的人透過YouTube看到它的好。

現在的我可以說，活著的每一天都沒有浪費時間，努力的拚搏，努力創造自己生命的價值。而且，不只是求取自己的財富，更想幫助社會上有需要的人，我在永康商圈盡力奉獻十六年，我始終督促自己，要擺脫支配心態，和商圈老闆分享經驗，所以能看到今天這樣的成績，真讓我覺得與有榮焉。我常覺得，擁有並不難，只要願意拚，一定會有收穫，難的是願意分享，**一旦願意分享資源和經驗，往往會激盪出更多的回饋，這才是真正的享有。**

攜手度過十年交通黑暗期

永康商圈擁有獨特的人情味與溫度，生活機能又好，位於台北市精華地段，緊鄰大安森林公園、中正紀念堂，走路十分鐘內就可以到達，還有金華國小、金華國中、新生國小等辦學優秀的名校，商圈內就有十三家銀行，便利性自然不在話下。在這裡生活的每一天都很有盼望，因爲我們的成長空間是無限的。在「市長與理事長有約」會議中，柯文哲市長就曾經公開稱讚永康商圈在台北市五十九個商圈中，是經營最成功的商圈。

但成功的背後其實有著許多辛酸血淚。信義路蓋捷運蓋了十年，永康商圈因此也經歷十年的交通黑暗期，受限於此，進來商圈消費的遊客大幅減少，擔心永康商圈因此被遺忘，所以十年來我舉辦了超過三十五場活動，花費超過二千萬元，但其中向台北市政府申請的經費不超過十萬元，其他全靠自己募款。那時辦活動辦到很多店家看到我都很害怕，不免嘀咕：「又要來募款了。」

辦活動是爲了讓大家不要忘記永康商圈，有人支持我，但也有人對我感到不能諒解，甚至懷疑我。但我還是認爲，不讓大家忘記我們，只有辦活動一途。商圈是固定的，無法移動，所以只能靠活動吸引遊客來消費。如同加拿大洛磯山脈的路易斯湖，雖然美麗，但是風景不能出口，只好想盡辦法進口遊客。

永康商圈既然缺乏行銷廣告預算，我們就自行募款創造預算，加上這裡的產品實力夠好，所以辦完活動的效益都很好，帶來絡繹不絕的遊客，像是思慕昔芒果冰、大來小館、永康牛肉麵、鼎泰豐、珠寶盒、樂麵屋等，都累積了一群忠實的支持者。大來小館曾經榮獲台北市滷肉飯比賽第一名。誠記越南麵食館在永康街開了兩間店，生意都很好。AVEDA 洗髮店的店長是位漂亮的女生，她把目標鎖定在國際遊客的洗髮生意，現在一個月吸引幾百位觀光客來體驗「台式洗頭」。

另外，既然日治時代這裡是「藝術文教區」，我就將它帶進更多元的文創風，如手工藝品、藝術品等。以古董店爲例，剛開始店家集中在麗水街的巷弄裡，慢慢的，人潮與錢潮吸引店家紛紛進駐，於是擴展到永康街和潮州街巷弄。藝術品、古董店給人的感覺是消費很頂級，這裡的客群消費水準夠，店家進駐後還可以利用一樓的庭園塑造出藝文氣息，更能吸引實力好的客人上門，良性循環。

同時，社區在住宅和商家之間做了很好的區隔，巷子裡的一樓大部分是住家，沒有營業、沒有路邊攤、沒有違章建築，所以道路美觀整齊，樓上住家也能享有很好的生活品質。主要商業幹線是在信義路、金華街、金山南路的大馬路邊，巷弄則以永康街、麗水街爲主。巷弄裡的商家數量並不多，屬性多爲美容院、文創店、茶館、咖啡廳等比較安靜的產業。在這樣的規畫下，商家與住家的需求各自都能得到滿足，創造了共好的局面。但信義路捷運通車後，我們還是面臨了一個大挑戰。

捷運通車首日的大挑戰

捷運第一天通車，東門站就吸引了五萬名人潮，這裡的巷弄不寬，最多六米，巷子裡更窄，人潮一多，交通何止打結，根本是寸步難行，結果引來大批住戶反彈，不少人直接打電話到台北市政府抗議。我當機立斷，既然交通失靈，公家機關鞭長莫及，乾脆靠自己比較快。於是永康國際商圈花了五萬，請來三班制的義交來指揮交通，我也親自上陣疏解人潮，當天正好是我女兒的訂婚宴，當爸爸的我左右爲難，但看著永康商圈一步步蛻變，也幾乎是自己的孩子一樣，實在放不下心，這件事一直讓我對太太跟女兒感到很抱歉。在永康商圈當了十多年的理事長，很多人問我：「會不會辛苦？」的確，擔任住商混合區商圈的理事長付出的時間與心力，要比純商業區的理事長多很多，大概有一半以上的時間得做店家和鄰里間的協調，但我從不覺得辛苦，也不覺得累。永康商圈雖然位於台北市精華地段，但經過這幾年的社區經營後，向心力越來越強，充滿著中南部小鄉鎮十足的人情味，包括我自己，都常常被住戶及店家的人情味，感動不已。

社會很公平，就看你夠不夠努力

後來常有人邀請我去演講，有一年新生國小校長蔡志鏗邀請我去參加畢業典禮並頒獎給學生。我坐在台上，看著頒獎儀式進行，發現能夠領獎的學生很少，大部分畢業生都是陪坐的角色，因爲台上的視野比較高，所以清楚看見台下沒有得獎的大多數學生垂頭喪氣，家長也低著頭、沒有什麼精神。明明是歡樂的畢業典禮，卻因爲得獎的人很少，氣氛顯得有點低落，我有點看不下去。所以輪到我上去頒獎和致詞時，我說，以前我也不是很會讀書的小孩，念的學校也不是頂好，但是當我畢業後，努力培養自己的「社會競爭力」，一個人就可以抵過十個台大畢業生。台下的學生和家長聽了精神爲之一振，好像看到了未來的希望，演講完後也報以熱烈的掌聲。這些掌聲是對我說的話感到認同，也是對孩子最好的鼓勵。說出這些就是希望他們要對自己有信心，行行出狀元。這個社會很公平，對人的評斷靠的不只是學歷、文憑，只要拿出拚搏的實力，終究可以闖出一片天。這次演講同樣也感動著我，沒想到我的經歷和過往可以鼓勵人，所以我更希望能藉由分享，幫助更多人。

曾經窮得只剩下錢

現在的我樂於分享，還是永康商圈的「大管家」，在社區幫忙協調大大小小的事情，很多事情在我的協調下都圓滿達成，所以大家都很喜歡接近我，樂於和我交談。但是，曾經我「窮得只剩下錢」，令人拒之千里。

從成立房地產仲介公司後，因爲懂得運用社會資源，我又很努力，將全部心力都放在工作上，所以成績做得比別人好，錢賺得比別人多，於是有了成就感，人也漸漸變得驕傲了。

那段時間的我，完全不會主動關心別人，周圍的人都把我當成「紅頂商人」，只有談利害關係的朋友，沒有眞心交流的朋友，當時我的心也比較硬，不懂得爲人設身處地著想。回想當時的我，眞的是「窮到只剩下錢」，雖然很有錢，但並不快樂。

當人一帆風順時，不會料想到老天有收傘的時候。台美斷交是我創業後遇到的第一個挫折，連續六個月，連地段很好的房子都沒辦法成交，公司職員有情有義的跟著我不願離職。但因爲公司情況已經差到幾乎沒有收入，爲了支付開銷，我只好帶著員工另覓出處，當時很流行「快餐店」，所以我開了間「特快餐店」。但畢竟是外行，倉促間也沒有好好經營，結果一直被顧客投訴速度很慢，只好草草收攤。一直熬到半年後，我始終沒有放棄耕耘與拜訪潛在客戶漸漸有了成效，再加上市場回溫，房地產開始有了交易量，公司才慢慢恢復生息。我終於領悟到人不能過於自傲，不管成功與否都要時時虛心檢討，這個挫折讓我的個性開始變得收斂。

走進教會，改變人生

一九九〇年我走進教會，這對我的人生起了很大的變化。會進入教會與大姊有關，她的命運很坎坷，一歲就因爲小兒痲痺而不良於行，結婚三年姊夫又得了血癌。姊夫過世後，因爲要撫育幼兒沒辦法外出工作養家，生計陷入困境。幸好在教會受到許多教友的幫助才勉強度過難關。沒想到兒子六歲時，姊姊帶著他到明德樂園玩，卻意外從溜滑梯摔下來，頭部受到嚴重的傷害，送進台北榮總昏迷三天。主治醫生也是教友，他按著外甥的手禱告，結果孩子奇蹟似的清醒過來，完全沒有留下後遺症，這讓我第一次感受到神的奇蹟。

在教會的大家庭裡，弟兄姊妹都很謙虛，牧師講道更時時提醒我們要懂得謙卑。有一次我在教會用餐，飯後看到一位弟兄主動拿起掃把掃地、洗碗，後來才知道他是位擁有雙博士的大學教授。他的學歷地位這麼高，卻願意主動奉獻付出，令人感動。過去我曾經在路上主動幫歐巴桑提菜藍回家，當時的我是爲了做好鄰里關係，真正的目的是爲了賺錢，但走進教會後才真正領悟，開始發自內心幫助有需要的人。

我曾經有兩次與死神擦身而過的經歷，更讓我感受到自己必須改變。四十五歲那年，我因爲長年工作壓力導致腸胃大量出血，流出來的血和墨汁一樣黑。到醫院檢查後才知道十二指腸已經嚴重潰瘍，當天就住進大安區的中華開放醫院。但不管如何治療，流血的症狀都沒有改善，正常血脂是十三，但我卻只有六。到了第四天，身爲耳鼻喉科醫生的哥哥來探病，出於關心而擔心，忍不住質疑醫生的醫療：「爲什麼已經第四天，還沒有任何改善？」同時要求轉院。

大姊看了心中很是不忍又不捨，她按著我的手，哭著替我禱告，她和上帝說：「我懇求上帝醫治我弟弟，他的能力很強，祢醫治好他，未來一定可以好好重用他。」奇妙的事發生了，醫生沒有爲我做任何特別的治療，也沒有轉院、動手術，但禱告的隔天，血脂就從六升到八，之後一直持續往上升，到了第八天，指數竟然恢復正常，於是平安出院，到現在完全沒有任何後遺症。讓我再一次見證神蹟。五十歲那年也發生過一件事，讓我重新思考人生的意義。當時我想買一張保險，但因保單金額較大，所以保險公司要求做健康檢查，沒想到竟然發現我的主動脈血管旁有一顆腫瘤，保險公司進一步要求做斷層掃描確認結果，才能保險。我擔心X光會對身體造成不好的影響，所以遲遲沒有進行。

大姊知道後，帶我到台大醫院找一位陳醫師看診，陳醫生也是教會的弟兄，初步診斷後說：「李先生，以我的經驗判斷，這應該不是腫瘤而是畸型，你出生時那裡就多了一塊。」但他還是建議我去做斷層掃描，確定一下。

一開始聽到自己的身體有顆腫瘤，而且又長在主動脈旁無法開刀，當下很震撼，覺得了無希望，等於是被判了死刑。經過陳醫師診斷後，我掙扎了幾天，終於到仁愛醫院做斷層掃描，結果確實是畸型不是腫瘤。我心中的擔憂終於放下，當然也順利完成了投保。

負擔與分攤

這些事讓我體悟到人生不是只有工作，而我現在的事業成績讓我生活無虞，可以有餘力付出，**這些都是取之於社會，當然也必須回饋社會、分攤社會責任**。所以我開始投入各項公益活動，幫助弱勢族群。因為我童年的經歷讓我可以同理那種沒有錢、沒地位、被人歧視的感覺。所以我非常樂意擔起這個重擔，看見那些經歷與我相似的人，希望自己能成為拉他一把的那隻手。

現在我的快樂來源就是幫助別人，只要對別人有幫助，我就忙得很踏實、很喜樂。就如同人家說的「歡喜做、甘願受」。我不再是窮得只剩下錢的紅頂商人，而是樂於助人、關照鄰里的理事長。也希望能以身作則，感動更多人，一起來分擔社會上的重擔，讓社會變得更美好。

和爸爸不和，解開心結追求未來

「叫著我，叫著我，黃昏的故鄉不時地叫我，含著悲哀也有帶目屎，盼我倒去的聲叫無停，白雲啊~你若要去，請你帶著我心情……」在父親的追思禮拜上，我高聲唱了〈黃昏的故鄉〉，代表出生在草屯的他已經離開了故鄉，到天上安息主懷。接著我唱〈甲你攬牢牢〉：「我欲甲你攬牢牢，因爲驚你半暝啊爬起來哭，甲你攬塊心肝頭，乎你對人生袂擱茫渺渺……」告訴爸爸可以放心到天堂，我會照顧媽媽，把她攬牢牢。

這場追思禮拜在「信友堂」舉辦，參加的人多達七百人，聽著我激昂的歌聲，幾乎每個人都掉下了眼淚。很少人會在自己爸爸的追思禮拜上唱歌，這對我尤其有著特殊意義，這代表了我終於放下對他的不滿與仇恨。

我的爸爸李國民是祖父第四房妻子生的兒子，他從小就非常優秀，高中時考上台中一中。台中一中是日本人蓋的高級中學，在當時競爭非常激烈，很少有台灣人可以考上入學。畢業後又以優異的成績考上日本的醫學院，到日本攻讀牙科回國，所以他的日文英文都很好，還曾經在二次大戰期間擔任六個月的日英翻譯官。

回到草屯後，他開了間牙科診所，但草屯是鄉下地方，當時又沒什麼法規概念，所以大多是沒有牌照的密醫在行醫。很多病患就診時會拿著密醫的價格來向他抱怨比較，爸爸認爲自己辛苦到日本求學，花了那麼多時間和金錢，回到草屯開業沒有受到尊重還讓人這樣比較，心裡非常受挫，所以開業不到一年就收起來，到草屯國中當了三十五年的英文老師，直到退休。

英文老師的薪水只有八百元要養一家七口，日子很難熬，加上從小在大家族裡受到各種打擊與挫折，所以他常將情緒發洩在孩子身上。大姊是小兒痲痺，不可能打她。而只要爸爸的藤條一舉起來，哥哥的眼淚就馬上掉下來，跪在地上求饒。所以倒楣的就是那個永遠不認錯、打死也不哭的我。

最嚴重的一次是在大房祖母過世時，前來弔唁送禮的人很多，貢品堆積如山，有許多平常吃不到的水果，包括蘋果。十歲的我忍不住偷拿了一顆來吃，被大人發現後向爸爸告狀。我還記得那是個週日，下午二點，他爲了處罰我，將我鎖在靈堂裡，和大祖母的靈柩關在一起。

靈堂上是大祖母威嚴肅穆的照片，兩側有著與人等身高的紙紮丫鬟，二十四小時不停的燃香。爸爸要我在靈柩旁跪著，黑暗中我被各種氣味包圍，屍水、油漆、燃香。在密閉空間裡香煙無法散去，瀰漫在空氣中。我嚇得連眼睛都不敢睜開，嚎啕大哭。奶奶一知道就焦急的爲我求饒，但也說不動兒子，只好跑到爸爸學校的校長家求他幫忙說情，才終於將我從地獄裡拯救出來。

關在裡面雖然只有一個小時，卻讓我自此做了五十年的惡夢，它和打罵的的皮肉之痛不同，這個恐懼深刻到讓我從身體記憶到靈魂，難以忘懷。

後來我才知道，大祖母是家族中欺侮爸爸最嚴重的那個人，因爲她自己沒有生小孩，爸爸是四房的兒子卻這麼優秀，讓大祖母看他很不順眼，只要他在家就想盡辦法欺侮他。因此我偷吃大祖母喪禮上的蘋果，才會讓他的情緒這麼失控。

那時我還小，無法理解這種複雜的情緒。信仰基督教以後，牧師、長老一直開導我，告訴我只有原諒才能眞正走出來。信上帝後，我發現每個人心中都有兩匹馬，一匹叫「愛」、一匹叫「恨」，愛恨在我們內心拉鋸著，**但當信仰在心中扎根後，恨就漸漸消失了**。說來奇妙，正式受洗成爲基督徒後，我就再也沒有做過惡夢了。

後來我獨自到台北創業，還記得第一間賣掉的房子在富錦街，賣方給了我三萬元佣金，我拿了兩萬元寄回去給爸爸，他原封不動的把錢寄回來，還附上一封信告訴我：「這錢是你自己賺的，屬於你自己，但同樣的，未來若是你失敗了，我也沒有能力幫助你。」這封信讓我知道，**我的創業之路是一條單行道，只許成功，不許失敗**，因爲所有後果都是我一個人承擔，沒有人可以倚靠。

爸爸在九十歲那年到醫院就醫，因緣際會下看到當期的《佳音廣播電台月刊》，那一期的主題是「饒恕」，其中一篇就是我談起這些經歷，文章裡我說：「我原諒了我的爸爸、饒恕了他。」回到家後他竟然向我道歉，他說：「慶隆，爸爸對不起你，當時對你的管教不對，下了很大的毒手，我很誠懇向你道歉，希望你能夠原諒我。」

在他向我道歉後，我、爸爸、媽媽，三個人終於把心中的那塊大石頭移開了，我們擁抱著痛哭流涕，等了五十年，我終於等到了這個道歉。透過主耶穌的智慧，我們終於和過去和解。後來爸爸也信主了，他在九十四歲那年的八月二日受洗，（媽媽早他一步，在同年的母親節受洗。）十月二十一日過世。在追思禮拜上我也唱著基督教的詩歌，告訴他未來我們在天上還會是一家人。基督教講的是「永生」，我用詩歌表達過去的就讓它過去，我們要追求的是永不熄滅的未來。於此，我人生最大的遺憾也已圓滿，上帝真的很眷顧我，回應了我所有的期盼。

用謙卑與智慧感動人生

我常覺得，人生的煩惱、人際的衝突，都源自每個人都想出頭，想讓全世界知道自己，讓所有光芒都集中在自己身上，但這其實都是自尋煩惱。唯有信靠上帝及反其道而行，抱持謙卑的心，**遇事放下成見，用智慧化解，煩惱才能真正解脫**。

OUT

第三章

理事長帶路

看見永康商圈十個店家的故事

放膽、放手、放鬆——他們的成功之道

「台灣錢淹腳目」是三、四年級這代人手中打拚出來的天下。他們生於戰亂後、正逢台灣社會從農業向工商業過渡的時期，大多從小過著非常辛苦的日子，十幾、二十歲就被迫離開原生家庭，到外地工作，爲了掙一口飯吃，勤奮的努力工作。

他們很幸運，搭到台灣經濟成長的順風車，有些人創造了事業和財富，卻也因爲走過艱苦的歲月，不願意兒女重蹈覆轍，在孩子成長過程中，細心呵護，不讓他們吃一點苦，因此孩子容易變成「媽寶」。在幸福生活成長的這一代，對未來失去了方向，不知道畢業後何去何從？甚至有不少人乾脆過著「啃老」的生活。

過去的台灣人認眞打拚，經過數十年，將社會的基礎打得很好。台灣人又有著與生俱來吃苦耐勞的精神、聰明的特質，軟實力夠強，在小孩成長的過程中，只要父母學會「放」，讓他獨立，鼓勵他去創業、用自己的雙手和能力打造未來的舞台，年輕一代絕對能夠「逆轉勝」。

我看到許多六十歲、七十歲、八十歲的父母，還在養著兒女，實在是很辛苦。其實在小孩二十歲、三十歲時，就要適當的讓他們獨立，培養思考能力，對自己的生命負起責任。如此一來，父母也能過著輕鬆無慮的老年生活。

最近，我發現世界朝著三個方向邁進，第一是美國總統川普在不被看好的情況下當選，代表著人要有自信，任何不可能，在這個時代都是有可能；第二是要有魄力；第三是一定要有行動力，全世界都欣賞這樣的特質，如果溫呑、保守，就容易被淘汰。

在永康商圈當了近二十年的理事長，現在商圈有五百一十四家店，我要介紹十家非常知名、很有特色的店家，有些是二代接班，做得非常出色，甚至比父母還要成功。父母懂得「放手」，是小孩成功接班的關鍵，從每一個店家的故事，都能找到值得學習和參考的地方。

珠寶盒法式點心坊

大S訂購喜餅，一家餐廳到三個品牌年收破億元

理事長帶路

我看著林淑真到永康商圈開店至今，從一家餐廳到三個品牌，營業額破億。經營之初面臨很多困難，尤其是住戶檢舉，一路上陪著她走過來，我對她很有信心。她選擇永康商圈第三線的邊緣地帶開店，珠寶盒甚至在第四線，還能有這麼好的成績，全靠著產品替她講話，無論是輕食、法式料理，或是甜點，她的店是饕客來永康商圈必吃的美食。

INFO

珠寶盒法式點心坊麗水店

地址：106 台北市大安區麗水街 33 巷 19 之 1 號
電話：02-3322-2461

Take Five **五方食藏**

地址：106 台北市大安區青田街 6 巷 15 號
電話：02-2395-9388

L'Air Cafè & Nèo Bistro **風流小館**

地址：106 台北市大安區金華街 164 巷 5 號
電話：02-3343-3937

「第一次見到她時，只覺得是一個長得漂漂亮亮、非常年輕的女生，來永康商圈開餐廳，她能經得起考驗嗎？」李慶隆來到林淑眞的店裡，坐下來緩緩說起心中曾經的疑慮。但是，十多年過去了，二十九歲來到永康商圈開餐廳的她不但存活下來，還開了三家店，現在由她擔任董事長的華漾集團經營三個品牌——「珠寶盒法式點心坊」「L'Air Café& Néo Bistro風流小館」「Take Five五方食藏」，年營業額高達一億一千萬元。

她旗下的每個品牌都很成功，並且擁有廣大的粉絲，珠寶盒法式點心坊如同它的名字，一成立就光芒四射，連兩岸知名的藝人大S都難擋它的魅力，二〇一〇年結婚時選購爲結婚喜餅，並分享喜悅，她說：「這是我吃過全台最好吃的甜點；我想把舌尖爆炸的幸福感受，傳達給每個人。」而在更早之前，二〇〇六年有超市界LV之稱的Dean & Deluca首度進軍台灣，微風廣場店內全都選用珠寶盒的甜點。

說起話來輕輕柔柔的林淑眞坦言自己並不是個對事業有雄心壯志的人，只是單純的想要做好料理。她的婚結得很早，二十二歲和從事醫療技術檢驗領域的先生Eric結婚，因工作緣故，先生每年都要到法國出差，她便跟著去。「我們走遍各地，他味蕾很難討好，做菜要得到他的稱讚很不容易。」獅子座的她，個性好強，爲了做出讓先生誇獎的料理，努力探尋美食技藝，做得一手好菜。

從零開始的創業之路

二〇〇二年，朋友問她要不要頂下自己位於永康商圈的「兔子聽音樂餐坊」，她思考後答應，「開第一家店的想法是因爲自己很喜歡做這件事，原餐廳的頂讓金額不高，在條件許可之下就試試看。」

她原是室內設計師，當了媽媽後離職。對於裝潢設計很有想法，加上時常到法國旅遊，想設計一間很有風格的餐廳，「我們的菜色是以義大利式的菜爲主，融合亞洲食材。餐廳裡面用輕鬆的沙發座椅，整體設計比較普普風的感覺，希望大家吃西餐不要那麼拘謹，可以在悠閒、輕鬆的氛圍下用餐。」

兔子聽音樂餐坊開在永康商圈的邊陲，她形容是「偏遠的王國」，靠著口碑效應和在地店家經常包場支持，六個月左右就打平。

開店後，挑戰接踵而來，「最困難的是與廚師溝通，以前是一個人獨立作業，開了店後有團隊，要溝通每個人的想法是比較困難的一件事。我們是連舊有的人一起承接，剛接時廚師很容易遲到，比客人還要晚來，紀律非常不好。」她和廚師溝通到最後廚師乾脆離開，並且因爲對口味、烹調方式很堅持，陸續又換了幾位主廚。

最難應付的事不是來自內部，而是附近居民頻繁檢舉，「這裡不只是住宅區，而是社區意識高漲的高級住宅區，不斷被鄰居檢舉，做得很辛苦。」開店第一年，是餐廳和居民衝突最多的時候，「那時碰到的困難，到現在都無法想像，常有鄰居進來店裡咆哮，讓我們非常難堪。每個禮拜都有各式檢舉，環保局、違建處、衛生局……雖然我們都合法，但只要有人檢舉，相關單位就要來檢查。若不是理事長，我很早就放棄餐飲業，眞的太麻煩。」

連續五年，她到台北市議會和住戶開協調會，高達三十五次。李慶隆說：「開協調會對她來講壓力很大，幾乎每一次都流眼淚，有一次才踏出協調會外，她就放聲大哭說壓力太大想要放棄。我鼓勵她，妳的店軟硬體都符合規定，一定要有信心讓附近住戶慢慢接受。」

林淑眞說：「想放棄不是因為生意不好，而是無法做到合乎每人心中期盼的樣子，理事長陪我走過很多路，不只是公家機關，和鄰居協商，他比我還有毅力。他都不放棄了，我怎麼可以放棄。」於是，她堅持了下來。

後來，她想開間甜點店。身為三個孩子的母親，全家的食物都由她親手料

1. 用天然水果泥製作的法式軟糖是珠寶盒的特色甜點之一，也是喜餅中的必備項目。
2. 深信天然無添加的製作方式，才是食物真正風味，珠寶盒麵包都是每天新鮮現做。

理，「家裡的麵包、甜點，都是自己做的。」她對烹飪很感興趣，孩子入學後，住在木柵的她，開車到一小時遠的八里「中華穀類食品工藝技術研究所」進修，學習麵包、西點專修班等課程，「我要了解如何改變配方、創造配方、每樣食材的物理性如何變化、酵母如何在麵糰中運作……」一週上課五天，回家後，她一定會將老師當天教授的課程再做一遍，並記下所有問題，隔天再請教老師。兩年的課程她從未缺席，「上課不是為了開店，會這麼認眞，只是喜歡，我想將烘焙這件事做對、做好。」為了看懂外文食譜，她也學會簡單的日文和法文。

常到法國的她發現，法國的麵包特別香，台灣的麵包卻沒有味道，「我們常去鄉下住在農莊，那裡的生活會讓你覺得土地、農作，與生活的距離是很息息相關，十幾年前的台灣沒有這樣的生活和麵包，什麼都是便宜的最好，麵包十元的就好，也不在意用的是什麼食材，將便利商店的麵包包裝翻過來，上面的添加劑都是看不懂的，為什麼你還敢買來吃？」

理念就是最好的行銷之道

當時，兔子聽音樂餐坊的甜點已經打出名號，「剛開始是向天母的『茱莉兒』拿的，店很遠，而且一定要自己去拿，也不方便。甜點是我的強項，便在附近租個小工作室做，評價很好，後來主廚高聖億師傅進來，有一個這麼好的人才，我們想可以在附近開一間小店。」

她以更好的原料製作高品質的麵包和甜點，店名取得非常夢幻，叫做「珠寶盒法式點心坊」，「為什麼叫『珠寶盒』，要買一個珠寶要多少錢，得到快樂、愉悅要花很大的代價。甜點不一樣，店裡每一個甜點都有獨特的造型，在視覺上很美，看了就開心，希望大家花小錢就可以取悅自己。」她強調：「甜點本來就是一種可以撫慰心情的方法。」找店址時，找到比本店更偏遠的所在，隱身在麗水街的巷弄裡，甚至連招牌都沒有，只用法文低調的寫著「boite de bijou」，「剛開幕時，很多人都不看好我們，為了宣傳，第一天麵包還是用送的。」

那時候台灣麵包店賣的麵包都有蔥、有菠蘿，大都是軟的甜麵包，所以珠寶盒的創業難度很高。「剛開始要宣導，讓大家接受吃硬的麵包，並教客人麵包回家要怎麼烤。現在還是有很多客人覺得我們店裡賣的麵包太黑，因爲小麥一定要烤到某個顏色產生梅納反應，烤出來的風味才是好的，但台灣人會覺得那是燒焦，其實離燒焦還有很大的距離啊！」長期在商圈深耕，她累積了大批主顧客，二〇〇六年七月，珠寶盒開幕第一個月營業額就突破百萬元。二〇〇八年《中國時報》舉辦法式麵包評比大賽，珠寶盒的法式麵包奪得冠軍，業績頓時跳躍成長，吸引本地客及觀光客，依循報導探訪巷弄美食。儘管它開在不易找到的地方，依舊吸引絡繹不絕的食客上門。

「珠寶盒開在永康商圈的第四線，非常偏僻，但是產品有特殊性，在市場上找不到，加上美味好吃，就能吸引人潮。」後來，因麗水街的店面太小，到安和路開了二店，她說：「開珠寶盒時，我們也沒有想到會有今天。」

兔子聽音樂餐坊生意非常好，二〇一四年卻決定轉型爲輕食店，取名「TAKE FIVE五方食藏」，「開了十年，轉型需要很大的勇氣，第一要協調留在這裡的現職人員，第二是先前的投資完全變成零，裝潢得全部得重來。」在經營的最後一天，她舉辦了一場拍賣會，拍賣店內所有家具，「來參與拍賣的客人，都是來

珠寶盒的每個甜點造型精緻，像禮物一樣給人驚喜。

買回屬於自己的回憶，買窗簾的人說：『我是在這裡求婚的』；有人說：『我是在這張桌子這裡拍婚紗的』，一間餐廳及環境，創造了很多人的回憶，應該是經營餐廳最大的價值。」

她說，轉型是爲了和鄰居和平共處，並替住戶創造更好的住家環境。另一方面，台北西餐廳的密度高，附近居民的年齡層是較年輕的雙薪家庭，小孩年紀都還小，希望爲這些家庭主婦盡一點力，店裡有熟食，能外帶回家吃，享受全家人用餐的感覺。

這間店是輕食店結合雜貨店的概念，賣有機食材、米、料理包、紅酒、秀明農法的醬油等，「這裡離百貨公司很遠，住戶有需求，卻沒有精緻的商品，我們訴求品質、安全、健康。」店裡賣的食材都來自她的生活經驗，「爲什麼會賣這些食材？因爲我是雙薪家庭，要找健康的食材，常要去十幾間店才能夠買齊，所以將它們全都放在一間店裡，方便一次購齊。店裡有很多媽媽是主顧客，她們在下班前只要打電話來訂好產品，回家路上到店裡拿了就走。」

「轉型之初，台北市還沒有這種型態的店，算滿冒險的，珠寶盒也是，當時也沒有純歐式麵包的麵包店。就像理事長常說的，要做第一個，要能創造新的需求。」然而，經營的壓力也很大，例如近來菜價高漲，店內以蔬食爲主，成本相對較高，「TAKE FIVE 開了後，有一次我在店門口喝咖啡，碰到一個鄰居，他說，我們轉型轉得太好，感謝我們帶給他生活上不同的樂趣，他的話讓我感覺很溫暖。做事業應該是這樣，在幫助自己的過程中，也幫助別人在這裡得到愉快和一些美好的回憶。」

儘管轉做輕食，依然有住家投訴，「有人來抗議，甚至要求我們不能開窗，店裡做這麼多窗，就是希望讓客人進來後能夠吸呼新鮮空氣。」她強調：「我們的油煙設備已經做到台北市第一名，相關單位還來頒獎，如果還要抗議，也不知該怎麼做了。」因爲位置相對偏遠、低調，所以環境安靜，能夠塑造有別於商圈的氛圍，「創業是這樣，你可以從環境中看到弱勢，也可以把弱勢變成優點。」她努力平息紛擾、從逆勢中打造優勢，締造佳績。

十多年來，以踏實和穩健的經營策略，創建屬於自己的餐飲王國，還找到一群創造夢想的夥伴一起打拚，「我們的主管幾乎不流動，我給主管很大發揮空間，而且是完全信任他們。」她分析：「人永遠不會是一個對或錯，而是過程中有沒有妥善溝通。」最近，她在 TAKE FIVE 前方不遠的地方開了間法式餐廳，叫做「風流小館」，她解釋：「風流眞正的意思是『格調』、『時尚』。」

「現在開店有個重點，是我們看到有些員工身上的特質，開風流小館是因爲主廚 Dana（游育甄），她本身做菜功力很好，而且對料理很堅持，所以開了這間店。這是公司下一階段的經營方式，和優秀主管或員工一起開店，讓他們早點實現創業的夢想。」Dana 不同於一般法式餐廳主廚，原本念的是美術，因而擁有不落俗套的料理方式，也曾在新加坡和知名法國料理店主廚郭文秀學習（曾擔任新加坡三位總理，李光耀、吳作棟、李顯龍的國宴主廚，被稱爲「國家級御廚」）並在侯布雄法式餐廳工作，擁有深厚的法國料理基礎。和 Dana 合作，希望能將巴黎知名的 Néo-bistro（法式小酒館）餐飲型態帶進台灣，讓食客用自在隨興的心情，像是在小酒館裡般、享用精緻又富有創意的法國料理。現在，風流小館擁有不少名人食客。

「創業的腳步只能比別人快一步，不能快三步。」林淑眞開店，都能走在台

1. TAKE FIVE 以輕食結合雜貨店的概念，也販賣有機食材。

2. 方便的輕食沙拉讓主婦可以輕鬆帶回家，全家共進晚餐。

3. 把喜歡的生活風格帶回家，是 TAKE FIVE 的精神之一。

4. TAKE FIVE 也有販售現做餐點，日式風味的牛小排丼，結合在地食材佐以剝皮辣椒醬菜和糖心蛋，簡單卻風味美好。

灣流行風潮的前端，在還沒有人發現它時，已經開始經營，但是創業又不能走得太前面，否則很容易失敗。她認爲自己相當幸運，「開第一家說實在沒什麼計畫，就只有滿腔熱血而已。後來開珠寶盒時，比較知道一家店的需求、客層、商圈狀況，到現在我們開店，要分析人口數、年齡層，整體分析下來才會選定區域。」

互利共好的成功思維

在永康商圈偏僻的巷弄開店，不花錢大肆宣傳，卻能繳出上億元營業額。林淑貞分享幾個祕訣，首先要營造產品的特殊性，「產品包含很多實際的產品，環境也是產品，服務也是，都是客人要花錢買的東西，要怎麼去創造你的獨特性。」她強調：「我從來都不認同 CP 值，這是不合理的，不可能完全用價格說明你提供的東西。」其次是能否誠信的提供食物，「爲了降低成本，就用合成油，這個我覺得一點都不好。十幾年前，我們家用什麼，店裡就用什麼，譬如當別人麵包還在用食品添加劑、改良劑，我們就完全不用；牛奶用的就是小農鮮乳，不是等到牛奶風暴後才用。」

爲了解農作物，她還去上秀明農法課程，「我深入去了解產業和農業，甚至到日本參觀作物是如何種植。了解食物要全面性，而非單一性，全面性通透的了解才能夠去實踐。自我實踐也是很重要的，譬如你是不是眞的那麼熱愛食物，我可能會花時間很多時間去做菜、選菜，每週自己去買菜，有機農夫我也會去看一下他們的田。」她強調自己會做菜給家人吃，「店裡面的臉書，常會看到很多食譜的發布，都是我自己寫做過的菜。能夠實踐多少，這些就會成爲成功的因素。」

在住商混合的區域開店，得要打好鄰里關係，李慶隆說：「十幾年來，她的配合度很高，林小姐人很大方，很願意和人分享，只要有活動都會配合，像我們辦活動，如母親節、父親節，她會提供五十份到一百份麵包或甜點。」她補充道：「鄰里的事情要關心，有活動都會配合；再來就是誠信，因爲鄰里就像以前的小城鎮，誠信不好，傳來傳去，很快就臭名滿天下。」除了贊助永康商圈的活動，珠寶盒歐式麵包若是當天沒賣完會冷凍起來，捐給宗教團體及兒福機構。林淑眞認爲，做生意，要懂得回饋社會，才能長長久久，她以穩扎穩打的步伐，站穩永康商圈，向外拓展。

誠記越南麵食店

留英二代接掌越南麵食，小吃打入百貨通路

理事長帶路

永康商圈第二代傳承最成功的就屬誠記越南麵食館，第二代小兒子杜與方為人處事圓融，富有耐心和毅力。他做人滿有智慧的、也不驕傲。接手後，誠記拓展了好幾個點都很成功。對台灣的年輕人來說，這是一個很好的榜樣。其實做吃的相關門檻並不是很高，只要肯去做，抱著謙虛的心去學，認真辛勤努力研發產品，就一定會成功。

INFO

誠記越南麵食館

地址：106 台北市大安區永康街 6 巷 1 號
電話：02-2321-1579

「誠記的越南麵食是台北市第一名！」在懂得吃的饕客心中，誠記的評價相當高。一九八〇年，誠記越南麵食館在永康街發跡，原本它是永康公園旁一間小小的麵攤，老闆杜漢琛、老闆娘鄭曼蕙悉心經營，從麵攤到店面，再從一家店經營到兩家，二〇〇三年么子杜與方留學英國回來後，接下麵店，拓展百貨通路，迄今擁有五間店，年營業額相當高。

大時代釀成的人生滋味

杜漢琛是越南華僑，高中就到台灣讀書，在救國團認識小他七歲的太太，「那時候高三畢業，大學聯考還沒放榜，參加土風舞研習會，她讀國中二年級，學校派她去。我們要追高中女生，請她們幫忙。」兩人因而相識，及至長大才來電、結婚。杜漢琛的老家在越南經商，婚後帶著老婆、孩子在越南、台灣兩地輪流居住。一九七五年四月，先總統蔣公過世，鄭曼蕙回憶：「海外僑胞都好愛國，聽到這件事好傷心，紛紛組團回台奔喪，小兒子在越南出生，男丁不准出國，先生只好留下來照顧他，我帶著兩個兒子搭上飛機。」當時越南內戰正炙，但是打了三十多年的仗，民衆對戰亂習以爲常，渾然不覺戰況的嚴重。

杜漢琛說：「全家的機票都買好了，我想和他們一起出來，但老么的手續還沒辦好，我送她上飛機，在機場已經很亂了，工作人員一直說能走就走，我們也不曉得情況。他們四月十八日走，四月二十六日機場被炸，四月三十日越南就淪陷了。」

家人自此兩地分離。爲了辦理先生和小兒子來台手續，「所有我可以用的方法都用了，被騙了很多錢，那時聽人家講可以從邊境離開、搭船走、或是買過境證，都呆呆的去辦。」她每天都到僑委會等待，還寫信給蔣經國，過程中說不清的辛酸血淚，「不少人比我們慘，常常聽說有些人好不容易弄到偷渡的船票，看著家人上船，眼睜睜的看著船駛離岸邊不久就沉了。」

分離的那段時間，台灣仍在恐共時，因杜漢琛在共產淪陷區不敢聯絡，輾轉透過朋友，在僑委會的留言簿裡寫下訊息，「那個時候僑委會的留言簿是唯一的聯絡方式，想找親友的，每天都去那裡翻本子。」一天，她看到先生朋友留言，確定他和孩子平安，放下心中的大石頭。一九七七年，先生終於辦好離境手續，買了機票，帶著小兒子飛回台灣。當天上午九點她就到機場等候，直到下午四點才接到人，小兒子看到她不認得了，「我想要抱他，他嚇得一直逃，躲在先生身後用越南話罵我，離開時，他才十個月，見面時已經快三歲了，穿著一件很大的衣服，流著鼻涕，身上都是瘡，又病又瘦，很心疼。」

等了快一年，終於團圓，老天對她的捉弄還沒結束。爲了養家，她在東門市場擺攤做生意，「從越南逃出來的人，都會帶些細軟，人家寄什麼就賣什麼，像珠寶、衣服……」接機那天，她以爲馬上就能回家，心想還能去市場賣東西，將別人寄賣的珠寶等貴重物品帶在身上，卻沒想到一時不察，連同先生帶回來的鑽石、鐲子，在機場一起被扒了，「全家團圓了，我們卻一無所有。」從大喜到大悲，現在說起這些過往，很多人難以相信總是笑臉迎人的她，經歷這麼多滄桑，她淡淡的笑說：「那是時代的故事，很多人都這樣，我們還算幸運，他們還能搭飛機回來。」在時代的面前，每個人都很卑微，她感嘆：「我也不願意經歷這些，但後來覺得經歷這些人生的起起伏伏，自己變得更加堅強。」她領悟：「這些經歷，在心中變成很扎實的寶貝，是別人奪不走的。」

1. 總是面帶笑容的杜家人，其實曾經歷經許多波折，全家團聚得來不易。

2. 二店原本是做咖啡廳的，杜與方接手後調整動線改裝後，營造更舒適的用餐環境。

杜漢琛擁有台大化工文憑，回台後他找到化工廠的工作，其後到工程顧問公司任職，設計火力發電廠，一直待到六十二歲退休。當時，上班的收入雖可支撐家計，但被負債和利息壓得難以喘息，「荷包太薄了。我是潮州人很會吃，嘴巴很刁，越南的食物在台灣吃不到，想吃時在家裡自己做。」他認爲外面賣的湯頭不行，「我煮的湯頭很精緻，出來賣應該會有競爭力。」爲了擺攤，他花一年多時間，天天在家煮這、熬那，邀很多朋友來家裡試吃，確定口味後，才到永康公園賣麵。白天，他是西裝筆挺的工程設計師，下班後脫下西裝兼差，在路邊攤做小生意。

每天下午，鄭曼蕙從金華國小推著攤車到公園賣麵，杜漢琛下班後就趕來換班。兩人注重衛生，有別於當時路邊攤做生意只有兩桶水（第一桶水洗碗，放到第二桶再洗一次），不惜成本向皮鞋店租一條水龍頭，「爲了牽那條水管，一個月付三千元，那時代路邊攤的抹布很髒，我一定要洗得很乾淨才拿出來，在攤車前就掛著白白的幾條抹布。」初期只賣越南河粉、雞絲河粉，豆乾海帶等簡單小菜，「開始不怎麼好，靠毅力撐下去，漸漸培養熟客。」

爲了多掙點錢，兩人很勤勞，晚上賣到午夜路上都沒有客人才甘願，「有時在深夜，遠遠看到一個人站在街口，一直在等那個人過來，心裡想著『快過來吃』，也不敢把麵攤的燈關掉，一直等到他離開，才捨得關燈。」擺路邊攤，難免遇到警察開單，她說：「我們比較怕事，看到警察來，火一關、燈一關，就把攤子丟在那裡跑了。」麵食好吃，生意越來越好，只有五個位置的麵攤，常常不夠坐，那時房東將永康街六巷一號的店面騰出三分之一的位置出租，料理美味，食客絡繹不絕，後來才租下對面的六號。

歸零從頭的接班歷程

兒子們長大後，他們希望小孩回來接班，但大兒子、二兒子從小就在店裡幫忙，對餐飲業很排斥，尤其週末不能休假，兩人毫無意願。在英國念飯店管理的小兒子杜與方喜歡和人接觸，十五歲就被送到英國留學的他，原本也不願意，「我是第一批到英國留學的小留學生，那時媽媽問我要不要出國，我說好，也不知道英國在哪裡。剛開始不會講英文，一年後才適應，確實也不想回來，因爲回台灣沒有朋友，不想再經歷一次那種感覺。」父親勸他，「你在國外會英文有什麼了不起，你回台灣會中文又會英文，更有競爭力和發展性。」他明白在白人社會謀職，華人總是矮人一截，「在國外再怎麼厲害，總是有個瓶頸，這是潛規則。」

大學畢業後回台，杜與方在林口服了兩年兵役，他認爲當兵很好，「我學會注重倫理、紀律和管理。」退伍後，他告訴爸爸，自己對台灣不熟，也沒什麼管理經驗，讓他先在外面磨練一陣子，若是店裡有需要再回來。從國外回來，謀職很順利，第一份工作在圓山飯店當儲備幹部，因爲是半官方機構，未來發展有限，便轉到美式餐廳做外場經理。二〇〇三年遇到SARS，景氣下滑，店裡生意衰退，杜漢琛和鄭曼蕙很擔憂，希望他能回來幫忙，鄭曼蕙笑道：「我告訴先生，我們要挖角！薪水加倍。」

「後來答應爸爸，先回來學東西，但不要管店，因爲時機還不恰當。」他理性分析：「我對店不熟，回來當空降部隊也不適合。我要重新學，再讓他們來考慮我適不適合這份工作。如果我一回來就要接，員工知道我是老闆的兒子，會另眼相待。」他要求自己「歸零」，「我是員工，上面有店長，店長叫我做什麼，

杜與方店裡上上下下的工作都能上手，廚房經過他改造後更符合標準。

就做什麼。我不挑工作，內外場、掃廁所、清潔、洗碗，完全依照店長的分配，每一個要我學的地方，我都去學。」

他很明白，在服務業工作有許多眉眉角角，沒有親自去做，和員工會有距離，「要管事，每件工作都要全盤了解，我沒做過，不會知道如何管起，也不能眞的管到重點，只是看表面功夫。做吃的，要講員工的語言，否則沒有辦法和他們站在同一個水平上，會是兩條平行線。因爲有去做，才知道他們辛苦在哪裡，溝通上才會有幫助，否則員工心裡會有落差，覺得你也不懂，只是來收錢而已。」他說自己的個性也很喜歡在現場走動、幫忙，「這樣才能發現問題，和員工溝通時，他們會尊重我，因爲我有在做，知道問題所在。」

學習的過程，他貫徹從零開始，「店裡的廁所都沒有人要洗，我一洗就洗了三年。」大家都將洗廁所當成是件苦差事，能不做就盡量不要做，但他不這麼認爲，「看事情的角度不一樣，就不會覺得這是件不好的事情，我也不會告訴父母，因爲媽媽也很注重廁所的清潔，我將它洗得很乾淨，她很高興，我也很高興。另外，如果我能將廁所洗得很乾淨，也會覺得很有成就感，」

雖然他明白這是店長故意在測試他的能耐，卻心甘情願接受，並樂在其中，因此和同事培養出深厚情誼，「站在員工的立場，他們不喜歡被分配到這件工作，會很開心有人願意去掃，因爲有我在，以後就不用排班輪流掃廁所。」他正面思考道：「店裡的事，沒有一件是苦差事，我樂於接受挑戰，越是沒人要做的事，我越愛做，做出成績，是別人沒辦法拿走的。」他表示，各行各業都有它辛苦的地方，心態正確的去想，這些都是學習的過程。

創新管理活化傳統麵店

現在，餐館裡的每一項工作他都會做，包括料理，「哪個地方有需要我去幫忙，我都能去，店裡有新的東西，我先去學，再教給店長，他學會了，再教給員工。」他強調：「在上面的人一定每一件事都要會做，這是我管事的原則，上面的人要了解下面的人在想什麼、做什麼，只有自己親自體驗過，才知道所以然。而不是丟給員工，也不知道哪裡有問題，或者是爲什麼你做不好。」現在，他每週輪流到各家店上班，和同事一起工作，「他們滿喜歡我去的，因爲我什麼都會

杜與方接班後增加了更多品項，並調整口味，更符合台灣人的味蕾，犇越牛肉河粉是店裡的招牌，食材包含牛腩、牛筋、牛肚、牛肉片和牛肉丸。

做，可以幫忙，臨時哪裡有缺，都可以補上。」

學的是飯店管理，杜與方將飯店式管理引進小店，鄭曼蕙說：「他剛接的時候說，碗盤不要、裝潢不要，都要換新的，我們說全都不換，他說，那我就不管了。我們比較省，覺得能用就好，他堅持從碗盤到裝潢全都要換，我們也決定不管了，放手讓他去做。」他解釋：「二店原本是做咖啡廳的，內裝很老氣、貼壁紙，動線也不方便，不適合麵食館；一店的動線也不好，客人的動線和員工送餐的動線都要改，才會更有效率，不然客人和員工都會覺得卡卡的。若是最基本的事不做好，生意就很難經營。」

鄭曼蕙說兒子看不慣傳統廚房，太過油膩，「爲了做油水分離，光是水溝短短一節，就花三十幾萬，以前只有飯店才會這樣做，他將大飯店的管理用到小吃店。」同時，買個冰箱放在門口冰餐廳裡的廚餘，他說：「在國外垃圾都冰在冰庫裡，才不會有味道和老鼠，這樣會更乾淨。」剛開始夫妻倆覺得沒必要，對兒子的作法很不以爲然，因爲都是花錢的事，後來還是妥協。現在這些都是開餐廳的基本要求，但是早在十多年前他們已經做了。

經營餐廳，重要的是美食，店裡的越南小吃，鮮牛肉河粉、清燉牛肉河粉、生春捲、炸春捲等都很受客人喜愛。接班後他增加更多品項，並調整口味，「爸爸會想做道地的越南料理，我告訴他口味再道地，如果客人無法接受，做出來會是失敗的商品。」像越南河粉，在越南吃得很油，「太油台灣人不喜歡，畢竟台灣現在的飲食習慣不是這樣，所以我們降低油的比例；豆芽在越南是生吃，在台灣要幫客人燙過，否則客人會認爲：『都是生的怎麼吃？』」

過去台灣越南料理的店家少，競爭不大，近年來如雨後春筍般的增加，如何做到屹立不搖，還能成長？杜與方表示，不斷開發新產品，讓食物及口味更加多元，如麻辣牛肉麵，「越南沒這道菜，因台灣人愛吃麻辣湯頭，做口味重一點的；番茄牛肉麵也是台灣人喜歡的；沙茶牛肉河粉，則是越南華人最愛的食物。」

杜與方的處事圓融，做事負責，「該加班我會加班，也不會偷懶。」看到兒子如此認眞，鄭曼蕙漸漸淡出經營，「剛交給他時，我還會回去洗一下抹布，擦一下廚房，因爲不放心啊，都顧了那麼久了。」一回他處理員工抽菸的事，讓鄭曼蕙非常放心，「以後我再也不用擔心，就再也不管事了。」事情是這樣的，在路邊攤時期他們就已經禁菸，開店後客人在店裡也不能抽菸，若有人抽菸，在門口就要熄掉才能進去，員工若是抽菸就要罰錢，但是禁不了，她說：「一次員工私底下又在抽菸，他發現了也不明說，走到廚房後面和他聊工作、聊生活，拖延時間。員工將菸藏在身後，都快燒到手指頭了，便說：『好啦！我知道啦！以後我不抽就是了。』就將菸熄了，他處理這種很棘手的事，EQ很高，讓員工自願去做，而不是用講的。」

杜與方說，進入職場之初他的個性其實不是這樣，「年輕的時候比較火爆一點，看事情不順眼就講，也沒心機，覺得不對就要告訴你。在美式餐廳當主管時，常常會有爭執。」後來長輩提醒，不發脾氣，能將問題解決得更完美，「他要我看在眼裡，記在心裡，有些氣不要發出來，找時間好好講，這樣子做事情比較能夠達到目的。當下發脾氣，員工會覺得你是個脾氣不好的人，反而模糊了焦點。」

「爸爸的脾氣很好，從不發脾氣，與其發脾氣的講，讓人家聽到情緒的東西，不如好好的講，比較聽得到眞正的意思。」在工作裡，他漸漸學習「以和爲貴」的處事態度，「在管理上，盡量不要把情緒帶給員工，自己要懂得克制。」

誠記越南麵食館在永康街經營得有聲有色，開了兩家店，吸引百貨公司前來洽談合作。杜與方說邀約一直不斷，「剛開始我們滿排斥的，爸爸不喜歡百貨公司，因爲抽成很高。可是我和他說，台北市找不到第二個永康商圈，如果眞的想展店，百貨會是一個通路，可以去試看看。」二〇一二年進駐阪急百貨，現在慶城街一號、微風南京的美食街都有開店。

現在一家人同心協力，二代接班後將誠記越南麵食館的招牌發揚光大。

標準化流程成功展店

展店後，他發覺必須調整經營模式，從管理到作業流程，都要制定標準。他回想過去父母經營時，遇到員工拿翹的事，「員工會仗著自己很懂，如果店裡沒有他，看你們該怎麼辦的態度，對老闆施壓。」他導入制度化系統，將人的因素降到最低，「我和爸爸討論，不能把重要職務放在一個人身上，要分散風險，像麥當勞用工讀生，在全球都能開店，也能做出口味一致的產品，所以連鎖店會做得大，就是靠制度。如果以人爲主，若是這個人走了，事情就做不了。」他強調：「用制度來管人，不是用人來管制度，這樣未來才能展店，而且我們開的是小吃店，也不是做什麼大菜，沒有手藝的問題。」

另外，器材也要標準化，五家店都用一樣的器材、設備、鍋碗瓢盆，員工才能有共同的語言和數字。在現場作業方面，設計一套標準化作業流程，並且簡化，「請人的時候，就不需要有經驗的人，工讀生也可以上手。」父親杜漢琛熱中研發，很早就在二店地下室設立中央廚房，研究各式配料和食材，隨著店越開越多，擴大規模，在新店工業區開設中央廚房。店裡的食材、醬料，部分在中央廚房做好，再配送到各家分店，客人點餐時再二次加工即可。「現在只有新鮮的才現場做，如青菜。將每道料理要用的調味料定量下來，現場按照比例調配出來就好。」

從小在永康街打滾的他，繞了地球一圈又回到這裡，一個人挑起父母一手成立的麵館。過去的心態是覺得盡量做，現在則是要把它擔起來，「我沒有給自己太多的想法，只要在穩中求進步，我還年輕，未來還有很長的路要走，不會給自己壓力，也不預設立場，能做就做。人還是要量力而爲，自己的能力到那裡，一步一腳印，時機到了就做，時機點不適合就不做。」

接班後，他將父母交給他的兩家店，變成五家，發揚光大，並堅持品質和口味，「回過頭來想，我很感謝爸爸當初勸我回來，這件事情是正確的決定。」一九四〇年出生的杜漢琛「退而不休」，沉迷在各種食物、配料的研發中。父子倆認眞工作，將誠記越南麵食館的根基扎得更深、更穩。

一之軒

進駐永康商圈擦亮品牌，躍升成爲韓國人氣名店

理事長帶路

一之軒老闆因為在經營過程中有過不少波折，讓他對做生意有更長遠的想法。自從一之軒進來永康商圈後，我們多了更好的選擇，不論是學校、機構或是協會，舉辦活動都會訂購他們的產品，每一樣都很有特色，真材實料又物超所值。未來他們也有進軍國際的想法，希望一之軒用持續學習的精神經營，在台灣成績能做得更好，我有信心他們一定會做出讓台灣人感到驕傲的產品。

INFO

一之軒（信義店）
地址：台北市大安區信義路二段 226 號
電話：02-3322-5566

一之軒（信義店）
住所：台北市大安区信義路二段 226 号
電話番号：+886 2 3322 5566

이지성（신의점）
주소：대만시 대안구 신의로 2 단 226
전화번호：+886 2 3322 5566

E·V·E
hair salon
一之軒
一之軒
超值新春好禮 青年送禮首選
烘焙・幸福 台北名品 Since1980
牙醫診所

「行行出狀元」這句話從一之軒食品學習長廖明堅口中說出，再貼切不過。一九八〇年創辦一之軒時，他頂著台北大學（前中興大學）統計系學歷。在那個年代，國立大學畢業就像在身上鍍金，他卻彎下腰來、從事不用讀冊就能做的行業——開傳統麵包店。他憨厚的笑道：「說起來很見笑，所以我出去演講，都告訴大家，行行出狀元，只要努力去做，就會有成功的機會。」

一之軒在他的經營下，早已跳脫傳統麵包店的格局，桃紅明亮的設計，讓店面顯得時尚活潑，年輕人愉悅的走進店裡，細細挑選剛出爐的麵包，或是買盒美味可口的伴手禮送人。信義線捷運通車後，看好永康國際商圈的知名度，一之軒選擇進駐，「後來證明租對了，永康店的成績每年成長，我們的牛軋餅成為韓國人來台必買的伴手禮，有很多韓國人拿著地圖來到信義店，在門口指著：『就是這家』，進來後十盒、二十盒的買。現在韓國也要我們過去開店，是永康商圈造就這個成果。」

「牛軋餅成為繼麻糬、桂圓蛋糕、綠豆冰糕後的再一個高峰。我們自己本身研發的努力也不能否定，來到永康商圈，更受到國外消費者的青睞，加上網路、臉書的曝光，帶來了好成績。」他說，現在永康街的巷子，不少店家也在賣牛軋餅。一之軒帶動了牛軋餅的人氣，成為台灣知名伴手禮。目前，一之軒在全台有十六家門市，每年都有十五％的成長。能有這樣的成績，是多年來廖明堅在商場匍匐顛簸的成果。

生死關頭轉念創業

原本，他是個超級業務員，退伍後在歌林家電當業務主任，常在中南部跑，業績是全國前三名。是長官期待的明日之星，然而，一場突如其來的車禍，讓他狠心離開，幸運大難不死，撿回一條命，新婚甫三個月，岳父誠懇提醒：你還正值年輕黃金期，爲何不自己創業。

於是提出辭呈，準備創業。做什麼，他沒想法，正好統一麵包（統一超商前身）在找加盟主，那是新型態的麵包店加雜貨店，想創業的他思忖：民以食爲天，這說不定這是個好生意，「加盟後我在師大路租了一間店，一切從零開始。」他說第一年日子過得極爲艱辛，帶著太太和剛出生的大女兒，就睡在店後方防火巷的小小空間，底下是化糞池，「在上面蓋個鐵皮屋、放張床，將它當成房間，晚上會聞到化糞池裡傳來的陣陣臭味，臭到睡覺要用毛巾掩起鼻子，睡到半夜不小心還會碰到爬來爬去的蟑螂。」

在臭氣熏天、狹小、稱不上是房間的地方睡了一年，廖明堅覺得這也不是辦法，存了點錢才去買間房子住。兩夫妻將店慢慢經營起來，初始有不少客人上門，「他們有新鮮感，麵包用袋子裝起來，好像很時尚，但它的口感不好，也沒有香味，慢慢生意就變差了。」不會做麵包的他著急著想挽回客人，第二年就轉型向麵包店批貨來賣，「我是南投小孩，來到台北也沒人脈，一間間慢慢的去找，後來找到信義路上一間蛋糕店，老闆做的麵包很好吃，我誠懇的說服他讓我賣他的麵包，老闆答應了，但前提是他堅持我要自己去載貨。」

他買了一輛中古發財車，每天早中晚三趟，到信義路載著剛出爐的麵包回店內銷售，爲了讓麵包到店內還是熱的，所以麵包一出爐就馬上開車去載，他在來回路上快速奔馳，有一次爲了趕時間，車子開得很快，在急轉彎時，一手開車一手壓著裝著麵包鐵盤，沒想到破車出了狀況，「急轉彎後門自行打開了，鐵盤和麵包全都甩出去，整條師大路都是鐵盤和麵包。」他形容當時的狀況眞的很糗，停下車來，在馬路上撿起一個個發燙的麵包，路旁見狀的師大學生也好心幫忙，「那時候不敢哭，眼中不知是雨水還是淚水，心想我只有這樣嗎？每天要去別人的店裡載麵包回來賣，一直靠別人嗎？」他痛定思痛，要找師傅在店裡做麵包。

那間店很小，後方不能更動，只好在前方設一個小型麵包工廠，讓師傅在那裡烤麵包、做蛋糕。他用透明的玻璃隔著，走過去的人都能清楚看到製作過程，他笑道：「那時麵包敢現場做給人家看的，只有一之軒，老師、學生、客人都很肯定，因爲我敢公開、敢把過程讓人家看。」然而，這一切都是順勢而爲所造就出來的，一九八三年麵包店生意非常火紅。「我注意行銷，自己顧店，又愛聽西洋歌曲，什麼人進來喜歡聽什麼音樂，我都知道。教授喜歡聽古典音樂，我就轉到古典音樂；學生喜歡搖滾樂，我就放，學生邊拿麵包，還邊跟著跳；有些教授不喜歡音樂，覺得那是噪音，我就把它關掉。」一之軒在師大路開始發跡。

一九八八年，麵包店對面的餐廳要頂讓，不忍師傅每天吃外食，他頂下餐廳經營，「讓他們吃得更好，有麵包店、餐廳。」後來，師大的學生餐廳「文薈廳」

要出租，他想租下來經營，「競標那天，我把師傅帶去，一一介紹班底。」展現誠意，他順利得標。

失敗中體悟管理之道

「頂下文薈廳是轉捩點，我慢慢有一點經營概念，經營這麼大的團隊，裡面有餐廳、有咖啡廳、有一間福利中心。」想將事業做大的他，那幾年持續展店，在一九九三年最巔峰的時候，有十三家分店，兩家泡沫紅茶店、兩家餐廳、一間中央工廠，雖然有很大的野心，但營運管理及業績無法跟上，故遭逢人生第一次慘痛挫敗。一九九五年財務周轉不靈，他每天跑三點半，過著四處向人調錢的生活，痛定思痛，他決定賣掉工廠、餐廳，只剩下三間店。一切從頭開始。他反省：「那時的我只想做大，沒有想要做好，也未能顧好產品品質、做好門市服務。以前自己看店時經營沒問題，開了很多店後，必須將理念傳達給店長、店員、同事，要有整套的教育訓練制度，我在管理上出了很大的問題。」

現在的他，坐在總部辦公室，說起過往，由衷的感謝太太，「我們把房子賣掉，向人家租房子，從零開始，她沒有半句怨言，只有默默鼓勵、加油。」此時，他才深刻體悟，公司要有文化。於是，開始進修、聽演講，更加明瞭公司文化就像是人要有靈魂後，開始擬訂一之軒的公司理念、營運宗旨、公司信念……「我痛定思痛的努力朝公司理念和信條經營，並眞正明白要做好管理，才能成就事業。」

廖明堅慶幸歸零的時候自己還很年輕，所以，他一再說「少年失敗，不算失敗，老年失敗才是失敗」，因爲沒辦法再站起來、向前衝，「四十四歲的我，還年輕力壯，很多理念是那時候體悟到的，包括要先對員工好，他們才會對客人好。那時候的主流是『客人至上』，現在是E世代，自我中心，員工會先問你給我什麼，不會先問我給你什麼。」隨著社會時代的改變，他改變自己的觀念，「要先照顧好同仁，才能夠照顧好消費者，才會講到社會責任，社會責任必須要跟消費者結合起來，得到他們的認同。開一間店也要對社區有幫助，社區需要你，如果只是想要賺錢，把經營企業當成是自己的提款機，不知道回饋，就要檢討了。」從失敗中檢討原因，慢慢思索如何改變，並運用在公司的日常裡，成爲堅實的信條。現在一之軒的公司理念有四點：

一、提供美好的服務與不斷創新的產品，提升烘焙水準與文化，營造一之軒成爲一家讓顧客感動與傳頌的企業。

二、所有來到一之軒的顧客都是我們的好朋友，讓朋友享受到優質美味的食品，感到快樂是我們的首要之任務。

三、提供同仁穩定良好的工作環境與實現自我的機會，並不斷提升全體同仁物質與精神兩方面之幸福，讓同仁在工作中獲得快樂與成長。

四、發展一之軒成爲具有烘焙專業之連鎖食品產業，並對人類社會的和諧與進步做出貢獻。

他更發現企業若要成長，必須做到「快樂、利他、分享」，這六個字已經成爲公司文化。自一九九七年開始，一之軒開始落實企業文化，除了幫助同仁、訓練同仁，也幫助上游廠商之成長，更兼顧商圈之發展。過去，一之軒開店時會選擇有麵包店的區域，「有一次我在展店時，兩家麵包店就在隔壁，兩三年後他們的店相繼收了起來。我檢討是不是因爲我們開店後，讓他們關門，若是兩家店的

1

2

1. 人氣伴手禮為一之軒帶來不同的客群。

2. 一之軒鼓勵員工參加比賽，店內的張世彬師傅也勇奪二〇一六年烘焙王麵包爭霸賽雙料冠軍。

老闆和師傅都因爲我沒有飯吃，那時候下定決定，以後開店，只要旁邊有麵包店的，我就不開。道義、天理要做在先，不要想到利己，而是利人。」他徹底實行這個信條。（但打團隊戰的連鎖體系除外）

重新出發後，他思考傳統麵包店的優缺點，「台灣有很多像我們這樣從單店出來的，一天進客數這麼多，都只是在買麵包、蛋糕，難道沒辦法創造更多的附加價值嗎？」於是他請師傅開始研發、推出一之軒麻糬，成爲店內明星商品，現在每天至少賣出一萬顆。接著又搭上週休二日旅遊風氣，找出台灣人喜歡且熟悉的糕點，開發桂圓蛋糕和綠豆冰糕，成爲明星伴手禮，「十幾年前我們就開始鑽研伴手禮，不斷的參加比賽，得到《聯合報》桂圓蛋糕、綠豆冰糕的評比冠軍，讓品牌能夠不斷的曝光，師傅不斷得獎，提升知名度。」

利人利己的成功心法

大女兒廖珮綺畢業後，也進入公司上班，在她的建議下，跨入客製化喜餅市場，他說：「女兒幫了我很多的忙。」二〇一二年，啓動店面轉型，重新裝潢後的設計以桃紅爲主，空間明亮、時尚。經營上則以伴手禮爲主，一之軒展店以人潮衆多、三角窗、捷運口、知名商圈爲主，「有代表性的商圈，如永康商圈、師大商圈、公館商圈，都要進駐，目前在第一航廈也有店，從選址可以看出我們的店租都不便宜，所以我們始終戰戰兢兢、薄利多銷，穩健務實的經營，因爲策略成功，我們有推伴手禮。現在麵包占營業的四成，它是帶路的民生必需品，用他們來創造其他六成業績的更多價值。」

「我很認同李嘉誠的六分哲學，我一直認爲本土經濟是庶民經濟，價格不能賣貴，要賣便宜，人家賺八分，我賺六分就可以，譬如一個麵包，客人認爲有三十元的價值，我們賣二十八就好，讓人家覺得物超所值。」在市場上，一之軒的產品以「物超所值、高貴不貴」爲核心，但是服務卻不能減分，內部不斷教育訓練，提升服務的品質，致力於打造品牌形象，爲了先求市佔率再求利潤率，必須先創造規模經濟，開始加強、塑造一之軒的形象。二〇一三年二月，赴永康商圈開店，大大拓展品牌在國際上的知名度。他說那時知道永康商圈在理事長的經營下越來越有名，一之軒要發展，就要在有名的商圈立足，「這裡有很大的潛力，人潮也越來越多，並朝國際化去經營，和我們未來的目標一致。」他租了一間像口袋的黃金店面。在店長認眞經營下，每年有五〇%以上的成長幅度，「永康店是所有店面成長率最高的，理事長很認眞經營商圈，我們也很認眞在經營門市。」

爲了讓客人覺得一之軒是有親和力的，進入永康商圈後行銷的第一步是提供試吃和喝茶，讓客人了解公司的產品；第二是配合商圈活動；第三是和在地企業公司聯絡。一之軒店長說明：「商圈附近有金華國中、金華國小、新生國小，以及補習班、工業局等，洽談成爲特約商品，來店消費可打九折。」在觀光客部分，來這裡旅遊的客人都較年輕，「他們很愛拍照，我向公司提出將產品變成有趣的道具，如牛軋餅、蛋塔看板等，提供客人拍照、留做紀念。」爲提升員工語文能力，公司每週都有外文教學，門市經營方針也吸引不少會英文、日文、韓文的員工，「有一位對韓文有興趣，因拍照緣故，和韓國客人交朋友，讓她在工作上得到成就感。」

目前門市營運管理，新品研發都由太太（現在的副董）負責督導；品牌形象則由大女兒（總經理特助）負責，一家人全心投入，加上所有主管同心協力，一

1. 進入永康商圈後，提供試吃和喝茶，讓客人有機會了解公司的商品。

2. 透過產品看板提供客人拍照留念，增加觀光客的品牌認同度。

之軒走過三十多個年頭，然而在千變萬化的服務業，廖明堅時時有很強的危機意識。他說老店最怕「三老」：產品老化、品牌老化、人員老化。「每天我和公司主管都在開會檢討要怎麼應變，因為在服務業，始終存在很大的競爭，要不斷翻新。很多同仁跟我三十年，他們守成有餘，但創新不足，是前進很大的阻礙，故在二〇一五年延請劉慕孝小姐擔任品牌暨營運副總經理，二〇一六年另聘請一位品牌總監加入營運行列。去年底又聘請訓練經理進入公司負責規劃全體同仁之教育訓練，帶動公司同仁之變革。」

為了以身作則，他在名片上印著的頭銜不是「董事長」而是「總學習長」，他聲明：「這不是沽名釣譽，到現在我都還很戰戰兢兢的在學習。活到老學到老，我進步，員工要和我一起進步，就像高鐵和台鐵，高鐵為何比較快，台鐵比較慢，因高鐵是同步動，台鐵只有火車頭動。我們要像高鐵，大家一起學習，我是總學習長，但不是只有我在學，全體公司同仁要一起學習成長。」

曾經失敗，他深刻明白今天的競爭力，不代表明天有競爭力，一見面時，廖明堅就直言：「我不會做麵包和蛋糕，只會做人和經營生意。」他本著務實經營的心，擦亮一之軒品牌。一路走來，他說自己的經營理念如同日本經營之神稻盛和夫提倡的「敬天愛人、利他行善、時刻感恩」，以及《當和尚遇到鑽石》的利人精神，幫助別人成功，我就更成功。在商場上，他也印證了《金剛經》裡的無我：「不是以我為中心，而是以別人為中心，利他就利己。幫助別人成功，自己就更成功。我幫助我的同仁成功，幫助消費者、廠商成功，更不斷盡力去幫助社會上需要幫助的人，慢慢的就會形成一股善的循環，印證了：愛出者愛返，福往者福來。」

曾失敗、摔過、跌過的他表示：「我知道那個痛，希望每位員工都能在這個平臺裡安身立命，追求自己夢想的實現我就很高興了。所以現在主要的職責是讓每位員工能夠幸福工作、快樂成長。我們是幸福烘焙、烘焙幸福企業，如同我取名『一之軒』，一是原點，是善的原點，希望能一燈照隅，萬燈照里。」他進一步解釋：「一是所有數字的起頭，做什麼事莫忘初衷，永保創業時的鬥志與精神；二要追求卓越；三穩扎穩打，一步一腳印。」一之軒在他的努力經營下，帶給家人、員工、客人更多的幸福和快樂。

大來小館

食神女兒料理創意台菜，收服全智賢的胃

理事長帶路

大來小館的老闆娘很會做菜，她的食材用得好、成本也高，重視品質和健康。不但台灣名人愛來，韓星全智賢來到台灣也指定來這裡。他們的滷肉飯曾得到台北市冠軍，參賽時原本因店面不屬於夜市不符合資格，後來我拜託商業處讓他們代表永康商圈比賽，也相信他們夫妻倆一定能夠取得好成績。那年有十位各國來的評審，一致認同他們家的滷肉飯好吃。得獎加上捷運通了，生意更好，現在要朝集團方向發展，更上一層樓。

INFO

大來小館（永康店）
地址：106 台北市大安區永康街 7 巷 2 號
電話：02-2357-9678

「全智賢要來那天，大約下午三點多經紀公司打電話來預約包廂，要求我們千萬不能說出去，怕影迷太多，會擠爆餐廳，如果玻璃破了他們不負責。」大來小館老闆娘張愷芸回憶：「大明星要來，我們也不敢對人說，吃飯的時候八位保鑣就坐在包廂外，很多粉絲不知道從何得知消息，在門口等她。」那時全智賢因拍攝《來自星星的你》紅透半邊天，她能光臨是件榮耀的事。現在走進店裡，迎到桌前的是一張全智賢在店內享受美食的新聞，再附上菜單。她是天生的「生意囝」，很會行銷，又做得一手好菜。

其實，大來小館在永康商圈早已是間名店，她的好手藝吸引不少貴客名人上門大啖美食，店名常被人倒著念「館小來大」，意思是說館子雖小，客人的來頭卻很大。

這間店賣的料理很平凡，不過是台灣小吃，張愷芸卻能將平凡菜色變化萬千，做出非得在店裡才吃得到的美食，像鎮店之寶「櫻花蝦炒竹筍」，改良自台菜的經典名作「桂花魚翅」，「桂花魚翅的食材很高檔，備料多又複雜，一盤要兩千多元，我用高蛋白的櫻花蝦，炒新鮮的竹筍，一盤只賣兩百八十元。」

食神父親培養美食天賦

信義線捷運開通後，位於永康街七巷的二店，因緊鄰東門站，常見拖著行李來找尋美食的觀光客，「那天有個大陸來的女生，一個人拖著行李進來，她吃完後說很好吃還要再來，行程最後一天看到她又拖著行李來，像這樣的客人很多。」她親切的如同鄰家媽媽，觀光客第一天來台，就感受到滿滿的台灣人情味，留下美好的初次印象，她開朗笑說：「我對台灣觀光的貢獻很大，政府應該要頒個獎給我。」她遺傳了父親的特質，什麼都會，會做菜、會待人接物，而且拿得起放得下。

談起做菜，她說：「爸爸對我的影響很深，朋友說他是『食神』，身爲食神的女兒，我當然也很會做菜。」吃，是她童年生活中很重要的一部分，「早期阿嬤家是輾米廠、有油車，算是大戶人家，也常請客，邀請朋友來吃喝，都是爸爸煮；他也常去外面交際應酬，回家後會煮些在外面吃到的好吃料理給我們吃。」她很有口福，兒時就嚐到平常人吃不到的美味料理。

「他煮出來的每一道我們都很喜歡，是很道地的台灣味。記憶中有炸的冰淇淋和香蕉，那時候根本沒看過，進入料理界我才知道原來水果可以入菜。」父親重視吃，童年時家中桌上的湯一定要熱滾滾，「桌上要有個鍋，用碳火燒著，他很注意標準，湯上了覺得不夠熱，要再加熱才吃。鄰居若是有人要辦桌，家裡有碗盤，都會借給人家，大家知道他很會做菜，都會請他去幫忙指導怎麼煮比較好吃。」

也因此對煮菜很感興趣，「爸爸煮菜我喜歡在一旁看、也會問，也愛看料理書籍，自己又愛美食，久了就都會做。」出生在雲林的她，高中畢業後到高雄當會計，「哥哥在小美食品當廠長，我去當了一陣子會計和在食品經銷的先生相識、結婚。」婚後，她踏入餐飲業，先生蘇龍雄開了一間西餐廳讓她管，她用刁嘴經營，簡餐不是用調理包，請專業廚師來做，咖啡也很講究，現磨豆子用機器沖煮，味道香醇，「西餐廳的菜色是我和老師傅共同研究，做出來的菜一定是我喜歡認同的，我講究日本精神，菜要簡單、不油膩、不添加任何添加物，食材也特別講究，才能做出原汁原味的好料理。」

西餐廳生意很好，賺到錢後，夫妻倆決定到台北退休，「我們的家族親戚都

1. 老闆娘是天生的「生意囝」，懂得行銷又做得一手好菜。

2. 真材實料的滷肉飯，讓大來小館奪得冠軍，也吸引不少媒體報導。

是做食品業，北上後我們又踏入這塊。」初期在錦西街開高檔砂鍋店，附近有許多飯店、酒家，生意很好，但環境龍蛇混雜。親戚都住在永康街，於是搬到附近開自助餐店，「那時候的永康街路邊攤很多，在外面吃東西不是很乾淨，我將路邊攤小吃概念移到室內，切仔料、炒菜、滷肉飯、清粥，我都有。雖然是很平民化的食物，我用歐洲的自助經營方式，將每一盤菜都切得很漂亮，還有擺飾，放在吧檯上，用托盤讓客人自己取，再到櫃檯結帳，打敗所有永康街的店家。」

「菜乾淨、口碑好，大排長龍的情況我們很早就經歷過。」她開心道。但是做了幾年，房東要將房子收回去，休息幾個月後，到濟南路開一百坪的日本料理店，那附近有報社、酒店、舞廳，經歷幾年好光景，二〇〇〇年政黨輪替、二〇〇一年九二一大地震，景氣不再，無奈收掉，這次他們決定再回到永康街，從平民菜色重新出發，張愷芸說：「這裡的人文氣息很棒，習慣就會愛上它。」

股海賠盡積蓄，回頭重拾手藝

在開店、關店的那幾年發生一件插曲，因這個事件才有後來的「大來小館」。

她和先生早已賺到足夠下半輩子生活的花費，卻沉迷股海，「有段時間我們開店白天沒事，就到券商貴賓室炒股，台股上萬點、大家都很看好，結果卻套牢、股票變廢紙，慘賠一千多萬。」當年永康街一間公寓不過三百多萬，短短幾年就將打拚多年的積蓄賠掉，賣掉在高雄的房子，「因股票一直賠錢，老公說不行，我們如果沒有再開一家店，恐怕以後會沒飯吃，身邊還有些錢，就去做生意。」賠掉了積蓄，他們沒埋怨，「我牽著他的手說，不用怕，繼續再來拚。」

有一天兩人在永康街附近散步，看到麗水街有一間十坪的店面要出租，「馬上撕下門口的紅紙，打電話給房東說，我們想要租下來。他問我們要做什麼，知道是做吃的後，勸我們不要租，因為這個地點很難做，換了十幾個房客，都賠錢，連他自己開都失敗。我告訴他，歐吉桑，既然要做，我就會幫你把這個點做得有聲有色。」她解釋，那間店在永康商圈的邊緣，雖然是邊間，但是整條街都是黑的、沒人做生意。租下房子後，房東怕他們虧太多，大方送上新買不久的爐子。

「我們在這裡做過生意，抓得到附近客人的口味，乾淨清爽、原汁原味、吃了身體健康。」張愷芸的好手藝，再度征服食客的胃。不到半年，就培養出一群主顧客。「我用的食材都很好，菜好吃又有特色，像滷肉飯，不少開著名車的老闆都到店裡吃，很多達官顯貴、名人都很愛吃。」蘇龍雄在一旁補充：「吃飯時間有很多黑頭車停在路旁，我們把麗水街變成名人街。」

夫妻倆很好客，「我負責煮，老公負責招待，煮到一個段落，我會出去和客人聊天。」張愷芸很細心，記得住客人的名字和喜好，像媽媽般雞婆叮嚀。「客人不能吃什麼我都記得牢牢的。像他點了某道菜，我會說：『不行，你有高血壓不能吃！』他說：『妳比我老婆管得還緊。』我說：『我要幫你把關！』」待客如同家人，讓大來小館充滿著溫情，吸引熟客一來再來，不少人將這裡當成自家廚房。

對於做菜，她延續父親的性格，堅持要讓客人吃到新鮮熱食，「我很有時間觀念，客人訂便當，我會問他們幾點來拿就幾點做，因爲要保持食物的溫度。如果太晚來，我會念幾句；客人預訂座位，時間到了還不來，我也會講他幾句，該說的還是要說。」她強調：「做任何事都要有堅持。」用這份認眞的態度做菜，儘管是小吃，店不大、只有十坪，卻聲名遠播，吃飯時間經常大排長龍。

1. 夫妻倆好客熱情，讓人賓至如歸，像是回到自家廚房一樣。

2. 大來小館的菜色：小封肉、雞捲、韭菜花炒蝦乾、什錦羹、香酥中卷，共同的特色是食材新鮮、用料實在。

「這附近有官邸，院長住在附近，隨扈常來吃飯，他們特別喜歡吃滷肉飯，有一次副隊長告訴我，他們跟部長全台跑透透，我們家的滷肉飯不輸給那些知名的店家。他說，你們的滷肉飯可以去參加比賽。」蘇龍雄常陪客人聊天，知道自家滷肉飯有競爭力，開始留意各式比賽，一回看到新聞報導台北市政府要舉辦「滷肉飯」大賽，「我趕快去報名，他們卻不讓我報，因爲這裡不屬於夜市，後來請理事長幫忙爭取、增加規則。」

二〇〇七年，參加台北市「滷肉飯」大賽，有十位來自各國的評審，日本、德國……大來小館以精湛手藝，勇奪冠軍。李慶隆說：「評審裡面有日本人，比賽前我告訴他們，豬毛要拔得很乾淨，因爲日本人很仔細，要求很高。」對此，夫妻倆很感謝，「是理事長帶我們踏出第一步。」二〇一一年，再度參加台北商業處舉辦的「滷肉飯料理大賽」，得到冠軍。「這是全國比賽，四十家參賽、入選十家，總決賽我們得到第一名，評審來自各大飯店、餐飲學校教授、美食界老師、美食專家等十多位。」

大來小館的滷肉飯爲何能夠脫穎而出，奪得冠軍？張愷芸說明，它的料理方式非常繁複，而且貨材實料，「我們用胛心肉、松板肉取代三層肉，以燉煮取代滷煮，要燉十幾個小時以上，古早味不變，而且更香，吃起來一點都不油膩，非常順口，有一點甜，因為做的是台南口味。」

善用頂級食材為料理加分

那時捷運正在蓋，信義路交通阻塞，觀光客進不來，附近店家生意多受波及，慘淡經營好幾年，有冠軍加持、大來小館的生意很好，「內用、外帶的人都很多，像金華國中，便當一天要做幾百個，我們的排骨、豬腳飯也做得很好吃。」

「捷運在蓋時，我們就盤算還有幾年可以通車，二〇一一年到永康街七巷租第二間店，有兩間包廂，可容納七十多人。捷運第一天開就擠進五萬多人，理事長出錢請義交來交通指揮，商圈有理事長貨的很好。」因離捷運站很近，滷肉飯比賽得到第一名，吸引不少媒體報導，生意更好。

張愷芸的手藝精湛，靠頂級食材在背後默默加分。食材健康、新鮮，來自全台各地，如東港的櫻花蝦、台南七股的蝦乾、虱目魚肚、雲林的竹筍、澎湖的魚產、魟魠魚，台南養殖的龍膽石斑，都有產銷履歷。

店裡的菜色是她自創的台灣特色料理，她說：「我老公很會買，每次去市場就買一堆很貴的菜，我說做不完了，但他還買回來，我在腦中就會自然湧現作法，像韭菜花炒蝦乾，用很新鮮的海蝦晒成蝦乾，這道菜很少人做，因爲食材很貴，十幾斤海蝦晒乾才有一斤，一斤就要賣一千多元，沒有店家敢買來做，他敢買，因爲好吃。」她強調，敢買的原因還在於新鮮食材才能提味，「我做菜很簡單，原汁原味，所以需要很多食材。」

雞捲是店內招牌之一，她解釋：「這道菜我爸爸的拿手菜，它裡面沒雞肉，在南部叫『捲仔』，早期的人將家裡的剩菜，如高麗菜、洋蔥、肉末等拿來加減捲，所以叫『雞捲』（台語發音「加捲」）。現在不一樣，裡面有幾十樣東西，我再加一點創意，做得更豪華，放木耳、洋蔥、高麗菜、蝦泥、紅蘿蔔、肉……共十多樣，還有馬蹄，加進去才會甜。爲什麼放這多食材，因爲我都是用菜來提味，這樣味道才會夠，外面再用豆腐皮包起來。」

小封肉，這道菜類似東坡肉，「做的時候先將肉的油逼出來再燜。曾經有個

有了兒子做依靠，
大來小館希望朝集
團方向發展。

客人說我做的不合格，太瘦了。我說：『對不起，我們不像東坡肉那麼油。』」她強調：「這裡是文教區，客人不喜歡吃油，我特別用心的選食材，選七成瘦肉三成肥肉，我告訴這位客人，下回可以特別幫你挑一下肉。」

她對自己做的什錦羹也很有自信，強調在外面吃不到這麼新鮮、口感豐富的什錦羹。「早期在鄉下辦桌這是第二道菜，主廚會不會做菜，看的是這道菜，客人一吃就知道。」很多女生怕吃「羹」怕胖，她笑道：「我都告訴客人，來吃我做的菜不要怕肥，因爲眞材實料，沒有加些有的沒的，客人問我怎麼這麼有自信，這是事實，不是有自信。」店內不只小吃美味，醬料也很有特色，自製的五味醬，可以沾海鮮、肉、拌麵等，「很多客人都說想買，但我們實在沒時間做來賣。」

「店裡的每一道菜都是我自己喜歡吃，才做給客人吃。」張愷芸說：「早期台灣人很打拚，做事都很認眞、用心，不馬虎，我們也學到了這種精神。」從小她就跟在父親身邊學做菜，台灣料理在她的手裡，不但富有特色，而且她還有一個本事，能將餐廳裡昂貴的山珍海味，做成價格平實的小吃，食材又很頂級，可以說是「高貴而不貴」。

從南部北上打拚的他們，保有台灣農業社會的人情味和勤勉精神，以往一年三百六十五天、只休過年四天，現在週休一日，她和老公趁著休假四處走走，多看看學習別人的長處，但是她太有責任感，「就算休假，晚上我也一定會趕回店裡看看，放不下心啊！」

近年來兒子回家幫忙，讓他們得以鬆一口氣，說起兒子她滿臉驕傲：「我這個兒子可以依靠。」接著哽咽道：「那天發生一件事，我看了好感動，只是不講出來，有一個客人喝太多酒，在廁所吐，沒人敢清，他竟然去清理。他是處女座，個性很龜毛、比我還愛乾淨，員工不願意做的事，他會帶頭去做，我很以他爲榮。」有個能夠依靠的兒子，讓夫妻能安心的將店交給他，大來小館未來也將持續拓展，往集團方向發展。立足永康商圈，讓他們找到經營的致勝祕訣。

MATCHA ONE

中年轉業追逐夢想，賣抹茶立志紅遍全球

理事長帶路

我最欣賞像 MATCHA ONE 老闆這樣的人，白手起家打出一片天，他的店雖然在永康商圈偏遠的第三線，卻能做出好成績，許多年輕人、觀光客專程來這裡吃抹茶和甜點，一進到店裡的感覺就很有文青感，每一樣產品都很好吃。他的品牌進駐後，產品帶動了附近店家，這個地點也很適合他，因為遠離熱鬧的第一線才能營造悠閒的氛圍。

INFO

平安京茶事
地址：100 台北市中正區師大路 165 號
電話：02-2368-2277

MATCHA ONE
地址：106 台北市大安區永康街 75 巷 16 號
電話：02-2351-0811

MATCHA ONE 創辦人蘇崇文畢業後在社會上闖盪，拚出成績，直到中年，想回歸自己做心底眞正喜歡的事，他在師大路開「平安京茶事」、到永康商圈開以年輕人爲訴求的抹茶店「MATCHA ONE」。現在他終於找到能夠燃燒自己「一生懸命」投入的事業。

從國小到大學都讀美術的他，退伍後到補習班教美術，薪水高達六、七萬元，「和同學比，我的薪水算是不錯，但總覺得看不到未來，是用時間和體力換來的，做十年成績還是這樣。」他不滿於只是這樣，發現壽險業務很有潛力，決定拋掉興趣，以薪水及未來發展性爲考量，「男生總是想多賺一點錢，在壽險生活可以過好一點。」他進入AIG（南山人壽）當壽險業務員，賣證券、基金、保險等商品。轉行之初，親友都很反對，他仍執意前行，爲充實專業，不斷參加講座課程、研讀產業資訊，初期開發業務遭遇許多挫折，漸漸領悟要領，業績攀升，三十二歲就成立通訊處，帶領百人團隊，是南山人壽最年輕的處經理。

「在壽險業待了二十年，我很拚，部門做到兩百人，年薪眞的很高。那時候就想說在那個行業賺到錢、存到錢，就要急流勇退、做自己的興趣，而且一定要回到設計業，回來做自己。」忠於本心的他，四十多歲眼見時機成熟，決心轉業，但是要做什麼，還沒那麼明確，「十多年前第一次出差到京都，雖然只住一晚，我很喜歡這座城市，希望有朝一日回到設計業，可以從京都開始。」想轉行後，他想起曾經的心願、開始勤跑京都。

赴日學藝，從學徒做起

他盡情探訪這座古老又優雅質樸的城市，「人生地不熟，是外國人，又不會講日文，要從認識這個城市開始。」每三個月他就去一趟，剛開始和所有旅人一樣，到知名景點遊玩，「慢慢的跑了幾次景點，越玩越細，越玩越深入，騎腳踏車、鑽小巷子，還跑到當地人才知道的祕境。很多日本在地朋友都說，我們都沒有你這麼了解京都。」隨著停留的時間和次數的增加，對京都的風土民情更加熟悉，並開始學習茶道，「長時間在那裡會認識很多當地人，有位朋友推薦我去找一位大師學茶道。」

二〇一一年決定拜師習藝，「確定要學的時候我和太太講，可能要離開公司，我的個性不能一心多用，只能一次做一件事。她接下我的事業，讓我能到日本，專心學習。」但是，拜師之路並不順遂，高齡八十多歲的老師傅，堅持蘇崇文必須學會日文才能來上課，「日文要學到流利，至少得花三年，告訴師傅我的年紀很大了，這樣很浪費時間，語言可用其他方式來克服，我將護照拿給他看，證明我的年紀眞的不小了，他看了以後說：『你的年紀眞的很大，來當學徒好嗎？』」

爲了學習茶道，他投入許多，「上課時，老師答應我可帶翻譯，所以我花的學費是一般人的好幾倍。」他請兩位在京都留學的台灣博士生協助，「雖然有翻譯，我們是外國人，在語言上難免會有些落差。」困難不僅在此，學習茶道，還必須跪一整天，對他來說更是不小的挑戰，他笑道：「從小也常被罰跪，但那和茶道的跪不一樣，茶道要跪一整天，不是腳麻，是全身都麻了，非常辛苦。」

他常跪到全身筋骨酸痛，坐姿無法端正，「全身歪倒、很不舒服，老師對我的要求比其他學生更嚴格，他認爲我是外國人，以後回到台灣要傳承他的技藝，要求我不能走鐘，味道不能不對，一定要學得正，所以常被糾正。」有一天跪到腳很麻，還得用優雅的姿勢打茶，「我的姿勢怎麼樣都不漂亮，他要我一直練、一直練，氣到拿竹子打我肩膀，他覺得我的肩膀太硬，也覺得已經教了你一下午，姿態爲什麼都那麼醜。自己心裡也很難過自己沒辦法達到老師的要求。」

想起那段歲月，他說：

「半夜會哭，在台灣我養尊處優，位階那麼高，年薪那麼高，有幸福美滿的家庭，爲什麼偏要到深山，接受這種酷刑，大冬天的，零下五度，一

蘇崇文在平安京茶事內，復刻京都的茶藝之美，每個茶碗都有講究，也有茶會專用的風爐。

整天下來又沒吃什麼東西。」師傅因年紀已大，吃得很少，「他早餐吃一點點、中午不吃，晚上又很晚吃。」第一天去上課，來不及吃早餐，心想可以吃午餐，沒想到沒得吃，課上到快昏倒了，老師很認眞，下課經常已經是晚上八點多，「有時候他還會找我聊天，聊到很晚。雖然上課時他很嚴謹，但下班就嘻嘻哈哈的、找我喝酒，日本人將工作和生活分得很開。」

其實，以他的財力，大可找師傅來做，爲何偏偏要自己學？他正襟危坐的回答：「既然要做，就必須自己要會懂得這些技術，才有辦法回來做到眞正到位。做任何事情要懂、要專業、要到位，才不會淘汰。」在京都的那段時間，除了習藝，不放過任何時間，一有空就到處跑，四處探訪京都的人文、歷史、美術、抹茶專業等。

爲復刻京都風雅苦尋店面

老師傅教他茶道、刷抹茶，做甜點，花一年半時間、學會所有技藝、學成歸國，「所謂學成，就是老師認定我的功力可以了。」回到台灣，準備開店，「找了好久，都找不到喜歡的點，那時候心裡有些著急，因爲投入很多，等待都是成本。」原本他心中最屬意的開店第一順位是永康商圈，「青田街有很多日式老房子，但是一直找不到。」一位旅行社的朋友介紹他在台南的朋友，「他聽完我的說明後說，你的東西太棒了，應該來台南，台南有很多老房子。」引薦台南觀光局長，立刻找了好幾間一級古蹟，包括林百貨、鶯料理（全台第一家日式料理店，已經修復完畢），「這些古蹟好頂級，我去看了後超愛，後來考慮到太太、小孩的感受，掙扎許久還是放棄。」

「太太說，你去京都五年了，好不容易回到台灣，還有必要像當兵一樣到台南打拚，久久才回台北看我們一次嗎？」他想想也認同，「雖然有高鐵，但是我爲了做好，一定會住在台南。」又討教一位熟識的醫師朋友，他也認爲不必要，「好朋友都在台北，如果要捧場去店裡，也不用奔波。」後來，醫師好友見他如此焦急，推薦師大路的老房子，「他第一次帶我去，就愛上了它，雖然不是老房子是舊房子，但是整理起來，空間很適合，地點也不錯。」

確定店址後，他將京都搬進師大路，「店內是傳統的京都味，一走進去就像回到京都一樣，還有一個很大的日式花園。」裡面有日式布廉、和室、榻榻米、竹編等和式建築元素，店名是「平安京茶事」，他解釋：「『平安京』是京都的古名，「茶事」泛指與茶相關的所有活動。」

設計一手包辦，他笑說：「因錢不夠多，所以自己賺設計費用，所有包材、logo 都自己來。」設計這間店時，回想起過去美術專業，終於能派上用場，「裡面有一間專門打抹茶的茶室，因爲很專業，請一位日本老師設計。」他希望開的第一間店要有一〇〇%京都味，「台灣人太愛日本，又特別喜歡去京都，因爲不能每天去京都，當想起它的時候，就可以到店裡喝喝茶，吃吃蛋糕。」

店裡的主要產品是抹茶類甜點，包括抹茶蛋糕捲、冰淇淋等。選擇抹茶做爲主商品，他有一番專業評估：台灣人很喜歡日本食物，對抹茶的接受度也很高。製作時，不能完全拷貝日本的口味，「日本人吃得很甜，台灣人喜歡不甜的口感」，依台灣人喜愛減糖。二〇一四年三月二十九日開幕，沒打廣告，靠著臉書，吸引許多喜愛日本文化的粉絲上門。

「在開店前，我必須邀請師傅和大廠商，專程來台灣吃我做的所有產品，包括蛋糕捲、冰淇淋，他點頭答應，我才可以開業，否則他會覺得，我沒有經過他們的認可，有可能傷害到他們的形象和信譽。」爲保有他在京都學習到的味道，食材全都來自日本名店，「抹茶粉是用丸久小山園，這家店的抹茶粉連續二十二年獲得日本金賞獎（第一名），才會那麼好吃，很甘甜，不會像傳統的抹茶那樣苦澀；鮮奶油來自北海道；用日本最好的麵粉。」他強調：「食材決定了一切」，又因爲

1. 平安京茶事希望傳遞原汁原味的京都風雅，店中擺飾亦隨季節調整。

2. 蘇崇文遠赴日本學藝，光是跪姿就是一大考驗。

全都來自日本，成本自然很高，所以訂價較其他店來得更高，「有些客人會覺得我們的訂價太高，覺得好貴喔！蛋糕捲在外面賣三、四百元，我們卻要六百八十元。」

日本人也想代理的時髦新抹茶

「我有點年紀了，一出手就要成功。」中年創業，蘇崇文構思事業，相當縝密，初始已規畫兩個品牌，一個是精緻、優雅的「平安京茶事」，「它以重現京都風爲主，店內所有的裝潢都很頂級，視覺上讓人一看就知道『這裡是京都』，包括擺設、器皿，投入成本很高，做的是口碑和形象，操作難度較高，短期內不會再開第二家；二是MATCHA ONE，以年輕、時尚的日式都會風爲主題，店內風格極簡，是方便複製的抹茶店，飲品甜點也都走年輕人路線。」

當平安京茶事獲得市場好評，業績平穩後，他有多餘心力投入第二個品牌MACHTA ONE。在心底，他仍想到永康商圈開店，「這裡老房子多，很文青，適合抹茶、甜點，加上又有觀光客，客群比師大路還廣。」那時他常和日籍顧問在永康商圈一家法式料理店用餐，一天吃飯時，法式主廚問：「你想開店，怎麼不來這附近？」動心起念，開始尋找適合的地點，爲此，幾乎每天在商圈的巷弄穿梭，「一位朋友常看到我在這裡出現，以爲我住在附近，有天他問我，你住在附近？我說，沒有。他說，爲什麼常在這裡遇到你？」後來，好友推薦他來看看永康街七十五巷的店面，雖然位於商圈邊陲，環境卻很好。他說：「永康商圈的第一線我不敢碰，一坪租金破萬元，租金的確是考量之一。另外，我喜歡安靜一點的地方，加上抹茶店也不適合開在熱鬧的地方。」

MACHTA ONE 的甜點和飲品都較平安京茶事來得更平民、更年輕，「商品有一半以上不一樣，那裡的蛋糕超過十種，這裡只有三種，並以千層蛋糕爲主力；這裡飲品較多，跳脫傳統在日本刷抹茶來喝，直接喝抹茶飲料，我們研發抹茶拿鐵，還可以加珍珠，在京都找不到這樣的風格。」

MATCHA ONE 的 Slogan 叫做「新時代抹茶」，「我希望創造新的都會風飲品，就像咖啡一樣，營造一個很輕鬆、時尚、國際化的店。一進來讓客人覺得很都會風，但是仔細看還是要有京都味，如牆壁是清水模、用昭和時期的燈，要運用這些元素，卻又不能太傳統，還要有設計感，就像夏姿做旗袍，不能原汁原味照搬傳統的設計，沒有人能穿，他們將旗袍變得很時尚、國際化，日本人、法國人、美國人穿起來都很好看。」

MACHTA ONE進入永康商圈後，吸引許多年輕人及觀光客，蘇崇文說：「要感謝科技、網路，很多以前的客人，或來過店裡的外國客人，都會上網分享，這間店的觀光客比例非常高，第一名是香港人、第二是日本人，第三名是韓國人。」又因產品富有創意，各年齡層的客人都能接受，也受到附近住家居民認可。

二〇一六年七月十六日開幕，他接待好幾團來自京都的日本廠商，「他們專程來參訪、喝茶飲、看店內氛圍，很喜歡這裡的年輕氛圍，一進來覺得很輕鬆，很隨興、年輕、有活力，也透露想要合作的意願，回京都開一間這樣的店。」京都人竟想代理台灣人做的抹茶品牌？他解釋：「身為日本人的包袱很多，當地人對於傳統的東西都不敢任意改變，創意對某些人來說是亂搞，做得好是專業，做不好就是亂搞，這是一念之間的事。但是代理國外的品牌，就沒有這種壓力了。」

在蘇崇文計畫裡，MATCHA ONE定位在國際，「我對這品牌寄望很深，希

千層蛋糕（右上）和加珍珠的抹茶拿鐵（左上）是 MACHTA ONE 的主打，創新的氛圍連日本人都想代理。

望能開到全世界，在許多城市推廣抹茶文化。」他很喜歡源於舊金山的「BLUE BOTTLE COFFEE」（藍瓶子）咖啡店，「我還專程去舊金山、東京考察藍瓶子，希望有天也能到各大城市推廣京都抹茶文化，做出『抹茶界的藍瓶子』。」

無論是平安京茶事，還是MATCHA ONE，都開得很成功，絡繹不絕的客人，吸引許多人詢問加盟的可能性，對於這一點，他的態度相當謹慎，他坦言：「有點年紀了，希望按照自己的腳步、計畫慢慢走，走穩一點。」初步規畫回到家族事業所在地東南亞開店，再赴香港、歐美。

不只求利潤，也希望發揚文化

「以前的工作很投入，但不見得自己喜歡，現在的工作比以前更用心、更愛，因爲這是自己喜歡的。」他樂在工作，全心致力發揚京都文化，不只是抹茶飲品、甜點，還包括工藝、藝術等，每年舉辦兩至三場活動，包括米其林三星甜點主廚的饗宴、京都最高等級茶道——黑樂茶碗的茶道合作、日本國寶級師傅工藝展等，「很多人說你的店好好開，爲什麼要搞這些？我很感謝京都，在那裡的那些年，那麼多京都人幫助我，他們活絡我的人生下半場。所以，我要發揚京都文化、工藝，回饋在京都的貴人。」

「很多人問，你上輩子是不是京都人，我覺得很有可能。」蘇崇文笑道。骨子裡很京都人的他，在推廣日本文化路上，花費許多心力和他們交陪，「日本人個性認眞、謹愼、仔細，每兩個月就要到京都探訪他們，包括進貨的日本廠商，都要定期保持關係。」他說日本食品廠和台灣不同，須經常回日本，到食品廠送禮，保持友好關係，請他們吃飯，拜託他們持續供貨，「他們很愛惜羽毛，覺得原物料得來不易，不是有錢就能跟我拿，還要看你有沒有那個斤兩、有沒有那個能力。所以，很多人要去日本學藝，只要和供貨商講我是哪個流派、哪個先生的弟子，就會進給你，因爲他們知道那是品質保證。跟對老師很重要。」

信賴專業的蘇崇文，成立品牌後也邀請日本人當顧問，並持續返回京都進修、學習技藝，守住專業、確保品質，讓品牌持續壯大。

永業書店

萬能雜貨店，超乎想像的書店

理事長帶路

永業書店賣的產品多達兩、三萬種，你要什麼，他都有；任何時間來，店都是開的，服務態度和熱忱滿分。周老闆的母親九十幾歲，每天早上還會坐在櫃檯旁，對他耳提面命：「對人要有禮貌」「不能亂講話」「要認真」，書店早上九點開門、晚上十點半關門，全年無休。他們認為這樣的生活才過得踏實、有安全感，只要一停下來，就會覺得不對勁。開店能用這樣的精神，生意保證一定很好。現在第二代兩兄弟回來接班，又加入網路書店的銷售，帶來更多新意。

INFO

永業書店

地址：106 大安區永康街 6 巷 16 號
電話：02-2322-5451

永業書店
Taiwan
永康商圈

「鈴～下課了。」小學生歡喜的收拾書包、三五好友成群結伴，直奔學校旁的書店尋寶，最近流行玩什麼，走進去就像是來到阿里巴巴的藏寶庫，能盡情淘寶和探索，店裡什麼都有、什麼都買得到。

永業書店老闆周清永在永康商圈就是經營這樣一間書店，裡面有兩至三萬項產品，「常有客人到店裡說，老闆我已經找十幾家了，在你們家才找得到這個文具，你們一定要堅持做下去。」他說，經營書店就像在做功德，很多書店絕跡的產品，在永業都找得到。他很惜情，「這些是我踏進書店就有在賣了，還有古童玩，如陀螺、尪仔標、尪仔仙、橡皮圈，到現在我都沒有放棄過。」

什麼都有，什麼都賣

爲方便客人，只要有人問過的產品，他就會叫進店裡賣，越賣越多，「3C產品本來沒有那麼齊全，後來擺得像大賣場一樣，如國際插頭、延長線、計時器、溫度計、跑步器，以前只有一、兩種，現在每一種商品有五、六種；髮夾、髮飾，本來吊個三、五桿，現在就是一面牆。在夏天很方便，父母帶小女生來買東西，汗流浹背，臨時找不到橡皮筋，看到就可以隨手買。」永業已經超越書店，說它是什麼都有的賣場也不爲過。

「店裡的產品很多元，客人進來想要什麼，九〇%都會有。」像那位跑了十多家書店的客人，想買的是美術和自然課文具，許多書店都已經沒進貨。店裡什麼都賣，受益的不只是住戶，香港人、韓國人、日本人、大陸人，觀光客來到這裡都能找到他想要的商品，這就相當厲害了。

爲了服務客人，周清永還會說一點廣東話、日文和韓文，他解釋：「不是很溜，只是勇於嘗試，觀光客來，站在櫃檯第一線的人的目的是將產品推銷出去，盡量講出產品特色、價錢，讓客人心動後買下來，至於講得好不好、正確不正確是日後要精進的。」

他說日本客人喜歡買貼紙和冰箱貼，如台灣國旗、小籠包等，國小作業本，國語簿、數學簿，他們也很喜歡三國演義，關公、劉備等公仔。日本人還喜歡買整人玩具，如整人雷射筆，一買就是十支、二十支，「日本客人說，我進公司後在每個人桌上放一個，同事一拿起來把玩，就會被電得哇哇大叫，很好笑！」

他觀察到，韓國遊客以年輕人居多，大部分是業績達到目標、公司提供出國旅遊獎勵，「他們喜歡明信片，有台灣風味的貼紙、磁鐵、日本文具，因為在台灣的日本文具比韓國便宜又齊全。韓國排日，除非去專賣店才買得到日本產品，來永業書店，日本大小廠牌都買得到。」香港及大陸客比較大方，喜歡新奇東西，如一只鑲鑽戒指手錶，一個一百二十八元，一次買二十八個，「買回去送人，是很棒的禮物。」繡有台灣地圖的T恤，一件六九九元，普遍受到遊客喜愛。

永業書店還像是個托兒中心，父母到學校接完孩子，想起有些事情沒辦，帶著他們來書店看書或玩遊戲機，「常常父母說一聲，就去辦事情了。」他笑道：「我顧了快三十年，只有長幼稚，沒有長智慧，因為小朋友客群最多，很多小朋友來喜歡坐進櫃檯讓我抱抱。」在店內，他永遠面帶微笑，「我告訴員工，和客人見面要一本初衷的帶著笑臉，不要結完帳笑臉就不見了。」

客人有時候走到門口回頭看你，你還是帶著笑臉，他會覺得你很真。如果你做不到，就不要強顏歡笑。」工作時他的親和力十足，卻引起太太抗議，「她很不平的告訴我，你在店裡把耐性都給客人，回家把怒氣都給我們。」

1. 老闆從前是玩具批發業務，店裡的六神合體無敵鐵金剛，是許多玩具迷心中經典必收款。

2. 永業書店像是托兒中心，是許多小朋友放學後暫留的快樂天堂。

3. 店裡品項衆多，老闆手裡的舞獅面具，一開始是小朋友的作業指定，後來也成了外國觀光客指名的伴手禮。

經營書店之前，周清永從事玩具批發業務，「以前日本三大玩具公司在台灣有代工（ＯＥＭ），我們是國內批發商，負責業務、算抽成，全台到處跑，認識很多書店老闆。」已婚的他，工作相當認眞，「我很拚，業績是老鳥的三倍，做到後來老鳥們找我吃飯，他們告訴我：『新人你不要這麼拚，老闆都一直盯我們，這樣我們待不下去。』我回答，有抽成獎金，不跑沒辦法應付家中開銷。」

「一年後存到錢就買下和平東路三段的大廈，總價二一〇萬元，在蛋黃區。那時蛋白區的公寓只要六、七十萬，姊姊要我不要買台北市。」他卻看中精華地段。會開書店，是因為玩具滯銷，他和太太在同一家玩具批發公司上班，太太當會計，「同事慫恿我們開店，若是玩具賣不出去，可以在自己店裡賣。剛好我認識『淡江行文具禮品店』老闆，那時淡江大學校本部搬走了，沒有大學生，生意清淡，他想頂讓，金額也不高，才六十萬元，我們就接手了。」他回憶，當時的永康街很熱鬧，「我們那裡是熱鬧地方的邊陲，吃學區生意，賣小朋友的文具、禮品，接手後轉型賣玩具，更多元化。」

全年無休的神奇便利店

書店經營看似簡單，實際上非常辛苦，「太太做不到五天就後悔了，以前上班公司有制度，週休一日，小孩還小，全家可以去玩。開書店後，三百六十五天都要開店，被綁得死死的，剛開始我們是早上七點開店，晚上十一點關門，笑說自己是文具店的便利商店。」爲何全年無休？他說：「全台書店，所有前輩都這樣，沒人休假。」三、四年級生，對於經營勤勤勉勉，不敢有一絲鬆懈。後來因爲小孩吵著要去玩，加上學校功課要寫出遊心得，才擠出週日上午半天，「早上去動物園或兒童樂園玩，下午回來開店。」

那間店小小的，只有十坪，進的貨非常多，「每天早上要花一個小時，從店裡將玩具、模型等搬到門外，晚上再花一個小時搬進去。」搬來搬去，是因爲「沒有擺出來，人家沒看到，就賣不出去」，他強調：「每一樣產品要讓客人摸得到，看得到，才會造成購買欲。」

像有些客人比較害羞，也不說他想找什麼，要讓他自己找，而且找得到。有些人在店裡面逛，看到了一項產品，在家裡找了兩、三天，臨時想要買。擺在明顯的地方，購買欲望才會出來，眼見爲憑，才想到有缺。如此大費周章，背後有一番購物心理學。

一九八九年開店，每天將玩具、模型搬進搬出，「我還在當玩具批發業務，太太顧店，有時業務跑到很晚，沒辦法趕回家幫她。有一次出差到高雄三個月沒有回來，讓她一個人搬，長期下來，身體吃不消。」

「人是很定性的動物，店在愛國東路口，很少往信義路方向走。」一個很偶然的機會，周清永和太太走到永康街六巷，看見轉角的店面貼著「本屋售」。「一樓和地下室加起來一百二十坪，偷偷打聽房價是數千萬元。就想說哪可能，我們才剛買了二一〇萬的房子，小孩還在念書，文具店也是生意沒落才要頂讓。」

一個禮拜過後，太太忍不住問他：「我們要不要去看看？雖然不可能買，但是每天將玩具搬進搬出，也不是長久之計。」當時，原來的住家房價已有一千萬的行情，加上一些積蓄，「我們想說生意再怎麼壞，一定會比在原來的地方好，大不了賣掉住家的房子。要想贏先想輸，萬一碰到什麼狀況，要有退路的機會。」

一九九七年搬到現址，一樓是店面，「在淡江行只有十坪，搬到六十坪的店

門口有各年代的遊戲卡、扭蛋機，店內的遊戲機不僅小朋友喜歡，大人也玩得開心。

面，竟然將空間都放買滿了，等於是我原本就存了六倍庫存。」一家人住在地下室，將房子裝潢得很漂亮，吸引裝潢雜誌前來採訪。周清永說：「搬到新家後，一天都不敢休，因爲房貸壓力實在是太大了。」

幸運之神降臨。早在一九九一年，永業書店的主力產品就是「四輪驅動車」，這是一台迷你汽車，由小朋友動手組裝、繞馬達線，目的是讓車子能跑得遠，並掌握車子在快速行徑中，不會飛出去的技巧。他說當時四輪驅動車非常風靡，是五、六年級小朋友最夯的玩具，「那時我們在店旁占一塊空地，做一個六尺×八尺的軌道，小朋友一下課就來這裡玩車，比速度、比不翻車，當作練習。每個禮拜舉辦一次比賽，地點在對面金華國小的人行道上，做一個十二尺×十六尺的軌道，還頒發冠亞季軍、三個獎項。」

「當時沒有電腦、手機，小朋友很熱中玩四驅車，很多爸爸也愛玩，是父子間的活動。」他讚賞道：「很多小朋友很有意志力，馬達自己繞，繞到能夠一萬轉、兩萬轉、十五萬轉到二十萬轉，車子在那麼高速的情況，還能不飛出去，實在是很厲害。」

他說：「四輪驅動車造就了我們，在十坪舊店的時候，已經起步，搬到這裡是大旺，生意好到幾年後老婆回憶起那段時間，一開店心裡就想著：『客人不要再進來了，我很累了，忙到沒辦法休息』，飯沒辦法吃，也無法打烊，因爲一直有客人上門。」後來生意太好，一樓不夠用，二〇〇二年第二次裝潢，將地下一樓打通成賣場。

「如果看到招牌上掛著『圖書、玩具、禮品、文具』那就是三、四年級老闆開的書店，早期書店就是要賣這四樣東西。」二〇一〇年台灣書店面臨轉型，以批發爲主的文具店、傳統書店逐漸沒落，「我做過玩具批發，全台書店老闆八、九成都認識，他們的情況我一清二楚，那時光是新北市書店就收了五百到六百家，我們很緊張。」那幾年他常去日本觀光，發現日本書店也開始萎縮，轉型爲書店加生活用品店，「看到同行收起來，知道經營方向一定要改，我改得比較快，將四大產品項再擴充一點。」

打造永遠的兒童樂園凝聚客群

經營上，他很靈活，增加生活和 3C 用品。他眉飛色舞的說起近幾年很受歡迎的電腦遊戲機，現在書店裡擺放六臺，包括百戰王、神奇寶貝、妖怪手錶、偶像學園（最紅）、星光樂園，以及台灣製的機甲英雄。這些電腦遊戲機受歡迎的程度不亞於當年的四輪驅動車，「任何遊戲只要父母喜歡，都會紅很久，而且效益很大。現在我們每個禮拜會舉辦一次電腦遊戲機比賽，很多父母玩到比小孩還著迷，如附近的法官、書記官、檢察官，玩到不願意罷手，還有一位知名作家的小孩在附近念國小、國中，他每天來玩，剛開始是讓小朋友紓壓，後來是自己玩得入迷。」

「因爲確定兒子要回來接，我才決定重新裝潢。」他原本想結束營業，「在小孩要接不接的時候，也在掙扎要不要做，店裡賣的產品很特殊，客人都很支持。從美國流行回來的編織器橡皮圈盛行一時，不紅時，十家書店有九家沒在賣，只有我們家還堅持賣，一整盒的、單色的，通通都有。因爲有些姊姊在玩，教過弟弟、妹妹，幾年後，也許還想買來玩，來我們家都找得到。」他認爲，產品是有

1. 作業本、教具、文具一應俱全，永業書店是忙碌父母的好朋友。

2. 全年無休的不只有書店，還有老闆周清永的笑臉。

生命力的，雖然多了些庫存壓力，但是總會碰到有緣、懷舊的人，將它們帶回家。

「這也是為何我們選擇在台北市蛋黃區開店的原因，這裡的消費族群看到喜歡的就會買回家。有時是看到東西，想起家裡有缺，他們不會回家問到底壞了沒？買了沒？手頭方便的人會不加思考的買。每一樣都要查證才買，購買欲望和次數就會減少。生活水平有到那裡的人，不會計較這些。」

二〇〇八年大兒子周建豪決定回來接班。周清永說，他從輔大統計系畢業後到內湖科技公司上班，「在公司做了六個月，看到年資已經十二年的經理做的工作和他差不多，對這樣的生活有疑問，我說：『你不回來，我還是要找人，你回來也好。』」

一九八三年生的周建豪從小到大看著父母經營書店，「本來想說以後不要回來，但是家裡的事業還要維持下去，回來看看有沒有更新的經營方式。」他以年輕人的想法，加進更多生活和 3C 用品，並成立網路書店，「將書籍部分在實體店面減少，用網路書店來銷售。」他也認為，永業書店就像是間「萬能的雜貨店」，「我們比較熱心，客人要什麼，本來沒有在賣，都會叫進來。」

他強調，這裡是溫暖的傳統商圈，「很有人情味，在現代社會很少見，像附近小朋友下課後，沒地方去，會來這裡等父母接他們回家。小學生有時來借電話、借廁所，在社區裡有個這樣的地方，是滿重要的。」因此，他和小四歲的弟弟周書賢，退伍後都願意回到家裡工作。

老家在宜蘭的周清永說，文具界的人都有一個共識，不要輕言退休，若要退休就要好好安排自己的退休生活，「參與社會，或者是去鄉下買地開民宿、種菜。」像他，現在積極投身社區事務，偶爾到店裡幫忙，「我在店裡櫃檯幫客人結帳，很多人看到我的笑臉說，這是很久沒看到的溫馨感覺。我有生意緣，讓客人來買東西，多一點比別人不一樣的感覺。」他樂在工作，讓客人感受到那份眞實的熱忱。

全年無休，九點半開店到晚上十點半的永業書店，就像附近區民的燈塔，「忽然想到什麼沒買，衝到店裡，明天還趕得及用。」這種舊時代的書店溫情，在熱鬧的台北永康商圈還找得到。

永康
刀削麵

在地老店，日本人氣女星渡邊直美也來當學徒

理事長帶路

現在永康刀削麵的老闆是承接了姑丈的店經營，許多的產品都是他的創新。他的麵條是手工做的，很Q、很有咬勁，每到用餐時間，生意好得不得了，好到要叫機器人來幫忙。我們在行銷上也下了不少的功夫，二〇一五年我送了老闆一個人形立牌，上面寫著日文，很多日本人來到店門口，都會和立牌拍照。協會經常辦公益活動，老闆很有愛心，每次都會共襄盛舉，而且百分百全力配合，讓我非常感動。

INFO

永康刀削麵

地址：106台北市大安區永康街10巷5號
電話：02-2322-2640

經過永康街十巷第三家店，門口旁是大片玻璃窗，用餐時間，只見師傅左手拿著麵糰，右手拿著一把刀，俐落的削著麵，麵條立刻飛奔到桌台前，長寬都很平均，在台灣削麵是難得一見的表演，對遊客極具吸引力。永康刀削麵老闆陳建仲說：「半開放的透明式櫥窗，能讓大家看到，確實有表演性質，能增加來客率。另外，能讓客人看到製作過程，也會比較安心，現在餐廳的趨勢是做半開放式廚房。」

這間店原是他的姑丈郭玉積在一九八五年所開，「他來自山西，和鼎泰豐的老老闆都是太原人，我當學徒時他常來店裡和姑丈聊天，他們感情很好。在姑丈做的時候就已經用透明玻璃表演削麵了。」現在網路上，指頭一按、隨意搜尋，都能看見網友拍下陳建仲削麵的英姿，有人說：「沒想到老店的老闆這麼年輕「留著小鬍子的他，相當帥氣，又很親切。」

扎實手藝傳承好滋味

永康刀削麵，在永康街是間名氣響亮、又有口碑的老店，網友說：「這間店每到用餐時刻必定人滿爲患」「裝潢傳統不起眼，是永康街的老字號，以招牌手工刀削麵條，吸引不少饕客前來品嚐」「永康街的名店，牛肉麵用料相當實在」「除了招牌番茄牛肉麵外，還有好吃的炸醬麵、麻醬麵」。這幾句話，道盡了永康刀削麵店的特色，傳統老店、不起眼，但是很好吃！

在日本它更紅，近年在日本當紅的日台混血兒、年輕女性最愛的搞笑藝人渡邊直美，曾到店裡當一日學徒，「她來當我的學徒，我教她如何削麵、煮麵。」在日本，她的人氣紅不讓，在 Instagram 有超過五百萬名粉絲追蹤，是演藝圈第一名。在日本雜誌上，也經常看到「永康刀削麵」的介紹，知名度很高。

「日本只要有假期，像春假、連假，遊客來到台灣，有到永康街，就算不吃，也會來這裡看一下，拍個照。」永康刀削麵，成爲觀光客來永康街必遊之地。除了日本人，香港人、韓國人，也會來這裡品嚐美食，順便拍照。他說：「這裡接近師大，有些外國交換學生，像摩門教徒，很喜歡吃炸醬麵，覺得很像義大利麵。」

一九七一年出生的他，念的是土木系，畢業後就到工地工作，「一九九九年，景氣不是很好，忙完工地，不知下一個案子在哪裡，在家裡也沒事可做。」他說，姑丈在家鄉就會做刀削麵，外省人做的麵食，強調手工、擀麵、削麵的功夫扎實，生意已經相當不錯。待業的那段時間，家人問他，願不願意到姑丈的店裡工作，「我對煮東西、烹飪滿有興趣，有時候在家裡也會煮些東西來吃。那時候也不知道要做什麼，覺得在餐飲業的壽命比較長，而且學到了技術就是自己的，多一技之長，不一定要現在用，如果景氣好，我回去做土木也可以，或者以後可以再來開一家店。」

於是，他到店裡當學徒，從洗碗、端麵做起，姑丈再慢慢教他如何和麵、揉麵和削麵，「剛開始最難學是削麵，要練習削到每一條粗細一樣。」他利用休息時間練習，「沒有午休，一個人在工作檯裡面練」，練習的流程是：擀麵糰、削麵，再將麵糰揉掉、重新削，如此反覆練習，「當學徒時削的麵，不能給客人吃，要吃麵就自己削。」

他要練到削出來的麵寬約一、二公分，長度約十五公分，「甚至更長也有，看每個人的習慣。」他強調：「必須練到每一條削出來的麵都要一樣，因爲粗細一樣，麵條才會煮得平均，不會有的軟、有的硬。」學削麵的過程，講究的不只是技巧，更是體力和耐心。他對麵食很感興趣，半年就出師。

「刀削麵在麵食界裡來講算是滿特殊的，在台灣很少見，又是正統山西人開的，姑丈經營時就做得不錯，因爲這個區域附近住著很多外省政府官員，符合市場。」二十八歲來當學徒，姑丈那時已經快七十歲，

永康街的刀削麵不僅好吃，老闆現場表演刀削麵也對遊客極具吸引力。

「四年多後，他想退休，問我要不要頂下他的店。」陳建仲喜歡麵館、做得順手，加上已是員工、負責招呼客人，客人對他都很熟悉，於是，花一百萬元將店頂了下來，「我自己有存一些，再向姊姊借一些。」

在傳統及創新間取得平衡

一般店家換了老闆，客人心裡上會覺得口味會不會不一樣，他說：「我已經在店裡做了四年，是員工，又是親戚，顧客不會排斥。」但是，老客人的嘴很刁，味道一跑掉，馬上發現並反應。

這群熟客的存在，讓他每天兢兢業業的工作，並得以堅持口味、守護姑丈的招牌，「麵糰必須堅持水和麵粉的比例；揉麵、醒麵的過程也很重要，反覆四、五次，揉完麵放著醒麵，約二十分鐘，再揉麵，目的是把麵糰裡的空氣擠壓出來，讓麵的密合度高，煮起來才會Q。」

製作時，不添加任何東西，「有些店家會在陽春麵、油麵裡面加些東西，刀削麵不行，像在夏天，發酵完的麵糰如果當天沒有賣完，就要丟掉，因爲發酵後的麵糰，下水煮會爛掉。」接班後，他每天上班最重要的工作就是「顧品質和湯頭，每天打的麵硬度都要一樣，店裡還有師傅，不止我一個人做，麵的粗細、煮的時間都要顧，有些老客人很敏感，如果今天麵削得太細，煮得太爛，他們會反應麵不夠Q。」

「我們的製造過程很簡單，就是用最古早的方法，所以吃起來和姑丈做的味道一模一樣。」他說得簡單，其實這正是最不簡單的事。尤其店裡的產品非常單純，「姑丈個性比較保守，只賣牛肉麵、炸醬麵、湯麵、海帶、皮蛋豆腐、泡菜、小黃瓜等小菜。第一天來上班時覺得很驚訝，只有二、三種麵，一般麵店有七、八種。」

陳建仲接手後，新增品項，「很多客人反應，一週七天都吃一樣的麵，能不能增加兩、三種，可以換不同的口味。想說，好吧，來試看看，一開始看書、找資料、請教朋友，先做小鍋。」他試著做台灣人最喜歡、口感較清淡的番茄牛肉麵，但是難題來了，「刀削麵很厚，它的湯頭是重口味，麵才能入味，如果用番茄，湯頭清淡，麵吃起來會沒味道。」爲解決這個問題，他決定調整麵條的寬度、削得更細一些，寬約一公分左右。但是，喜歡寬麵的老顧客沒辦法接受，他坦承：「會犧牲一些老顧客，或是應老顧客要求，削他喜歡的寬度，特別做一碗。」

「將麵切細以後，我發現以前沒有吃過刀削麵的人，都能夠接受，它比較符合大衆口味。」現在番茄牛肉麵和炸醬麵，都是招牌。炸醬麵的作法也很特別，他說明：「用麵醬、豬肉、豆乾，這三種下去做，先炸炸醬，再加配料，每天現做。客人反應都很不錯，在外面也很少吃到店裡這種味道。」他說一般麵店的炸醬味比較重，或是比較黑。另外，也增加麻醬麵等麵食。

二〇一二年，他參加台北市政府舉辦的牛肉麵節「番茄好湯頭」比賽，獲得入圍，「那年有三名入圍，沒有排名次，入圍者都是好湯頭。」得獎證明他的湯頭確實夠水準，「用牛大骨熬湯，從早上熬到下班，約十二個小時；番茄是每天炒，新鮮番茄切完後，加入沙拉油、一點糖、番茄醬、少許洋蔥炒，炒完後香味才會出來，再將它們倒進高湯煮，但是不能煮太久，差不多一、二個小時，最後再撈起番茄。」

儘管加了新品項，店裡賣的食物依舊很簡單，如此更能彰顯他的料理功力，

番茄牛肉麵和炸醬麵，都是店裡的招牌，調整過麵條的粗細後，更能突顯風味。

在製作時必須注意到每一個微小的細節，才能讓食客吃得心滿意足，下次再來。以這分用心經營，永康刀削麵在用餐時間總是客滿，假日中午可以翻桌四、五次。

「一路走來都很順遂，因爲刀削麵有獨特性，我也是到姑丈的店，才第一次看到刀削麵，日本人也很少看到，覺得很新奇。」

堅持品質帶來貴人，一位師大的日本交換學生，很喜歡吃他做的麵，「日本人愛吃麵食，所以成爲常客，他後來去當導遊，常上電視節目，並且寫書介紹台灣好玩的地方、好吃的東西，將我的店寫進去，並介紹給旅遊雜誌，後來很多日本雜誌看到，也跟著介紹。」

機器人成爲生力軍

生意興旺，陳建仲每天削麵，削到關節時常發炎，出現網球肘。他感嘆，現在年輕人都不喜歡在麵店工作，「早期有學徒來應徵，學會了就去外面開店，現在只剩下一位師傅。」爲了解決削麵問題，二〇一六年找來一位認眞工作、又不會喊累的員工——機器人，「我可以設定它削麵的寬度、厚度，但是機器人的缺點是，不能夠拿太軟的麵糰，要有一定的硬度、才能削。」

機器人削的麵好吃，還是人工削的好吃？他說，有位熟客某天發現店裡有機器人，「我說它已經來很久了，現在做的麵很都多都是他削的，證明口味一樣。我用機器人削的麵煮給客人吃，沒有人發現。」以速度來說呢？他表示，機器人一分鐘可以削一百到一百二十條麵，人平均約八十條，而且速度會隨著疲勞程度遞減。

「在這裡做二十五年，都很風平浪靜。」永康交通黑暗期對生意沒有太大影響，但是二〇一一年師大夜市危機，卻差一點延燒到永康商圈，影響不小，「師大住戶和店家爲了營業時間吵得很凶，我們也是半住半商，那時台北市政府要求六米巷不能開店，理事長幫了很多忙，請民意代表去爭取，讓已經開店的商家就地合法。」

他強調，在住宅區經營，必須和住家打好關係，店家也要盡責的做好份內的事，如靜電排油煙、油水分離、環境衛生等，減少油煙、噪音、汙染等，讓住家

機器人削麵一分鐘可以削一百到一百二十條麵，不會疲勞也不會怠工。

有良好的生活和居住品質。當時他斥資八十萬元增添設備，符合環保局各項規定，「麵店也不適合做宵夜，雖然我接手後很想衝，但是超過九點後顧客就很少，現在八點半就關門，九點熄燈。」

永康刀削麵賣的是庶民麵食，一餐頂多一、兩百元，就能吃到手工製作的美味食物，成爲居民和遊客的最愛，吸引百貨公司前來洽談合作。他說：「原本有家百貨公司已有確定的店面要給我，我也很想去，但是找不到員工，只能和對方延期，等找到再來說。」

在台灣員工難找，也很難培養願意學習手藝的人，雖然分店難開，但是在澳門金沙城酒店的美食街，卻有一家「永康刀削麵」，「那間店是我哥哥在二〇一二年開的，之前他有來和我做過

用餐時段，永康刀削麵總是滿座，平實的美味是附近居民和遊客的最愛。

一段時間，學會手藝。因認識一位朋友，告訴他澳門賭場內能開店，就去那裡做看看。但競爭很大，賣的產品較本店多，一碗港幣一百元，顧客以陸客為主，以台灣的口味他們會覺得太淡，所以味道做得鹹一點。」回到永康商圈，他卻無法做到陸客生意，「大陸有刀削麵，我的產品對他們沒有吸引力，來到台灣，陸客更想吃臭豆腐、蚵仔麵線。」

年紀輕輕就頂下名店經營，陳建仲身負重任，對工作非常用心和投入，每天早上九點工作到晚上九點，十二個小時都在店裡，且全年幾乎無休，「一年三百六十五天，只有過年休息；以前會休禮拜天，現在因為捷運開通，人潮比較多，就不休息。這是自己的事業，要認眞一點。」沒有休假，會不會累？他說：「做吃的一定很累，可是做久習慣就好了，有時累的話，就去澳門度假，待幾天，順便去看哥哥，他想吃什麼，我當人力挑夫，幫他帶過去。」

以回饋的心取得雙贏

在永康商圈做生意，能夠傳承姑丈的手藝，做出口碑，他說自己很感恩，「福星高照，來到好的地方，尤其這裡的店家都很團結，商圈的環境、治安都很好，也有協會在幫忙行銷、推廣。」儘管近來食材成本不斷上漲，他感受到不小的壓力，「前一陣子菜很貴，只好自己吸收成本，畢竟這邊很多老顧客，大家都有感情在，自己有賺一些就好，做吃的就不要怕人家吃。」

對於公益，他也相當投入，「最近看到新聞，有麵攤在推『代用麵』，客人可以捐麵給有需要的客人，如低收入戶或流浪漢，登記在店裡的板子上，配額用完，老闆還是會做給他們吃，本來我也想推，在店裡試著做過，但這附近比較少低收入戶，做不起來。」

他說，一路走來很多貴人幫忙，也想對社會盡些心力，「在我的能力範圍內的都沒問題。」雖然年輕，靠著堅持、用心和手藝，陳建仲撐起老店，更用善行，讓永康商圈在繁華的台北都會，飄散著濃濃的人情味。

H GALLERY HAIR

美女設計師開AVEDA概念店
日本人最愛的台式洗頭

理事長帶路

呂嫎菱剛來永康商圈的前兩年，每天晚上十點，我都會要求他打電話給我，討論當天的情形，包括今天來的客人是觀光客或本地人，什麼樣的族群占比多，什麼樣的產品客戶接受度高，對髮型設計和品牌的接受度高不高？一步一腳印的做到今天的成績。他們在這裡第一個月就賺到錢，除了品牌讓客人放心，服務也很重要，永康商圈的腹地消費性很強，相對的對產品和服務的要求也很高，沒有兩把刷子是沒辦法在這裡立足。

INFO

H Gallery Hair Salon
地址：106 台北市大安區永康街 31-1 號
電話：02-2341-5643

走進美國知名品牌AVEDA在永康商圈的髮廊H GALLERY HAIR，一股淡淡的精油味飄散在室內，牆上掛著綠化環境的整面盆栽，讓一樓木質暗色空間顯得清爽。髮廊的經營者是高䠷亮眼的美女——呂嫣菱，一頭秀髮，五官立體、輪廓鮮明，滿臉笑意的走上前來招呼。一九八一年出生的她，用品味將髮廊設計得層次分明，「一樓的裝潢色調較暗，是AVEDA的品牌形象，以舒壓按摩及洗頭爲主；二樓呈現白色調，服務內容是燙髮、染髮，還有一間ＶＩＰ室，讓夫妻、情侶、客人洽公專用。」

從二樓往外望去，是永康公園的綠樹林蔭，在繁華熱鬧的都會裡，能擁有一片這樣的景緻是奢侈的享受。她笑道：「當初就是愛上這片風景，而租了下來。」原本，她在士林經營約十三坪的店面，來到這裡卻有八十坪，租金、人事都放大了好幾倍，「前三個月壓力很大，一想到要上班，都不敢走進商圈，最怕半年陣亡。」漸漸的，她抓住商圈特性，除了主顧客、在地客人，還吸引不少日本觀光客專程來店裡享受「台式洗頭」，遇到日本假期，一個月有四百組客人來洗頭，「現在店內約有三成是日本客人。」

開發獨特體驗贏得顧客心

「進來永康商圈，剛開始碰到很多挫折，理事長建議我們可以做觀光客生意，但是我們賣的洗髮精那麼大罐，觀光客也帶不回去，發現做不到產品的生意，再去想是不是有沒有什麼樣的服務可以提供給他們？」

呂婣菱認眞思考後發現，日本人很重視保養，包括頭髮ＳＰＡ，能不能行銷台式洗頭？「在飯店洗頭不方便，吹風機又那麼小，傳統的台式洗頭，坐著洗，會拉出一條長長的頭髮，對他們來說很有趣。」

近年來日本人很夯「坐著洗」的「台式洗頭」，成爲遊台另類行程。尤其是洗到第二次時，爲了要拉起頭髮上的泡泡，設計師會將客人的頭髮在頭頂上拉起，出現一根長長的，他們非常愛這個步驟，只要將頭髮拉起來，客人就會很HIGH，覺得自己來台灣也有玩過。在許多日本人撰寫的台灣旅遊書籍中，都會介紹讀者，來台灣不能錯過「台式洗頭」。

於是，她們替日本觀光客規畫約一小時、費用在一千元台幣以內的頭髮保養行程，「我們研究過，不能超過一個小時，因爲可能等一下要去九份玩，沒辦法花太久的時間，縮短療程，可以節省人力成本，費用能夠降低。」AVEDA是全球通路品牌，在日本也有直營店，「在日本相同的服務日幣八千多元，來這裡只要日幣三千元，台灣物價便宜，他們能接受。」行程縮短，品質卻要提升。她表示，日本人很重視細節，洗髮時要快狠準，又不能太草率。

爲打響在日本的知名度，初期客人來到店內後，請他們幫忙行銷，曾推出打卡按讚送禮物活動，「來台灣玩的日本人，大部分都沒有網路，我們要幫忙用手機上網，再去臉書按讚，過程太麻煩。」也曾試著送洗髮精等小樣品，客人並沒有太多驚喜，「我常出國，發現出國時只要有拍照，都會將照片收得很好，回來後會拿出來和親友分享旅遊經驗，我將這個概念用在店裡。」

她說，有時候日本人會全家大小一起洗，爸爸的頭髮雖然少，也會拉起小小一根。此時，在這根頭髮上玩花樣，「既然頭頂上已經有泡泡了，就會做些造型，如米老鼠、龐克人、冰淇淋等，再用拍立得拍下來，貼上店內製作的永康街明信片，上面還有芒果冰、小籠包、牛肉麵等照片給客人。日本客人收到後好驚喜，覺得照片很可愛，來台灣洗頭有很好的回憶。」

用頭頂上的泡泡，加上些造型，如米老鼠、冰淇淋，讓日本客人大感驚喜。

「把行銷放在人的身上，得到很好的效果。相對的，公司的成本還是有，拍立得照片小小一張，底片滿貴的，我們的客量又頗多。但是，換個角度思考，我將它想像成是行銷費用，花得很值得，讓客人覺得我們很貼心。」事實上，這些都是從錯誤中學習而來，爲了開拓觀光客商機，她曾在店裡賣過鳳梨酥、茶葉等伴手禮，「後來發現這不是我們的專業，每一行有每一行的專業。我們的強項是服務，這才是我們的拿手的，以這樣的行銷策略一路布局，二〇一六年整個發酵，日本黃金週店裡一天湧進四十至五十組客人來洗頭，比我們預期的還要多，以往可能一天不到十人。」

將店開在永康商圈，她坦言：「挑戰非常多，現在面試不論是門市銷售產品人員，或是髮型設計師，都要會說英文或日文。」目前，店內有兩位設計師會講日文，會英文的兩至三位，再由他們教同事講簡單的問候語及專業術語，和客人能溝通應對，「員工不但要有技術能力，也要有語言能力。」H GALLERY HAIR 也曾被日本電視台採訪，「富山電視台有個節目要來台灣找素材，到永康商圈介紹美食，我們也被邀請拍了台式洗頭，在日本播出後，不少來店裡洗頭的日本客人說曾看過節目，我們眞的滿幸運的。」

美麗是一門好生意

呂嬌菱來自澎湖，十五歲時隻身來台灣念高中，「很小我就很愛漂亮，升高中時告訴媽媽說，我想學美容美髮，她很生氣，本來她希望我念普通高中、考大學。」她用害羞的表情說起那段歲月。因對美麗事物很感興趣，加上努力和天分，高中畢業前就升爲設計師，那年，她才十八歲。

「我對美的東西一直很好奇，二十歲時想學整體造型，有三、四年與廣告公司合作拍攝電視廣告，自己接案子、做造型，與LG、屈臣氏、肯德雞等廠商每月合作拍攝，我設計髮妝、服裝。」在拍攝之前，她會先拿到腳本，了解角色適合的裝扮後著手設計。熱愛時尚的她，投入工作幾年後，卻發現這份工作太簡單，失去了挑戰性，「造型很容易，只要吹頭髮、綁頭髮，難度不高。」她笑道：「做了又發現我好想剪頭髮，那時兩個妹妹都在做美髮，和她們聊天時，她們都好羨慕我的工作，還可以看到明星。可是我和她們分享，剪髮、染髮很專業，但拍廣告不需要剪頭髮，是完全不同的領域。後來，想回來重新做現場，我對和人的接觸比較有興趣，能從客人身上學到更多東西。」

回到髮廊專業後，和兩個妹妹決定自立門戶，「二〇〇四年我們合開了第一間店，因學生時期都在曼都受訓，不懂開店和經營管理，公司派出經理協助我們。」第一間店開了後，困難不斷，「那間店是別人做不好，才頂讓給我們，我們並不知道店的名聲不好，第一年做得很辛苦，長達半年以上，一天假都不敢休，三姊妹努力的去想要怎麼將它做起來。在別人都不看好的情況下，第二年成績很好，營業額拉高到以前的十倍。」

「我的個性對自我要求高，想一直追求技術、學習新的東西。」兩年後，她想進修，「我想學兩樣東西，第一個是語言能力，第二是專業技術，請她們給我一年的時間，把這家店看好，讓我出國。」她到紐約、波士頓，上了半年語言學校課程，再飛到西岸的沙宣學院（vidal sassoon）上基礎剪髮、燙髮等技能，「我中間有去拍片，和剪髮距離有一些時間，我很討厭幫客人剪完頭髮，其實沒有剪得很好，還說自己剪得很好，讓我很沒有自信，所以想去把基礎的東西學好，如剪髮、造型、染髮等，重頭學起。」

用英文上課又是不小的挑戰，「我上的是專業課程，老師講的英文和日常英文不同，有很多專有名詞，上課時我很認真，因爲沒辦法一邊聽、一邊做筆記，只能將老師講的拍下來，回家再做整理。」因只待一年，她努力吸收。回台後，決定離開曼都體系，另開新店，「我在這個行業的成長都在曼都，對經理、主管、公司都

1. 二樓是未來感白色調，服務內容是燙髮、染髮，可以看見公園的 VIP 室，可供讓夫妻、情侶、洽公專用。

2. 呂婖菱希望自己不只是髮型設計師，而是美的顧問。

很感恩。後來，我和經理談離開，彼此追求的東西不同，包括經營和產品，這不是曼都或我們的錯，是需求不同。」

她想在一間富有風格、輕鬆又有氣氛的店內工作，後來到士林開店，「做的店完全就是我們想要的感覺，它的前面有一座公園、綠樹、環境很舒服。」這間店小小的，只有十三坪、四張椅子。開店半年後，AVEDA 前來洽談合作的可能性。她解釋，美國 AVEDA 除了代理商直營商品外，也需要在地優質髮廊店家，因此公司會在各地尋找符合標準的夥伴店家，授權爲夥伴概念店，除了銷售產品，服務客人中必須全程使用 AVEDA 的產品，「品牌形象是健康、植物、天然，對店家的要求很高，包括技術、服務、地點等。」

經營者也要評估願不願意投資，她坦言：「成本確實比一般來得高了至少三至五成。我們思考了一下，那時還不滿三十歲，對經營品牌不是那麼懂，認爲可以做看看，誤打誤打的就進來了。」AVEDA 在流程上的要求很細膩，有些流程甚至要用到十項商品，有時會掙扎要不要開十瓶，還是三、四瓶，有意思意思做到了就好了。她也曾經爲了降低成本，做得不夠徹底，讓客人無法感受到完整的服務，後來還是乖乖遵照美國的流程一一執行。

進入永康商圈重塑品牌競爭力

現代人重視健康、養生，AVEDA是有機品牌，找到了明確的客戶群，經營日漸上軌道。「在士林比較像工作室，店面比較小，經營六年後，思考公司夥伴也要有發展的空間，想要拓點。」呂婣菱爲了尋覓新址，找了一些地方，「那時很急，找到了店面又被別人租走，心情很不好。老公要我不要煩惱，帶我來永康街走走，我們看到二樓有店面在租，一進來就發現它比預期的還要大，有八十坪，隔壁是永康公園，和士林店的環境很像。」因爲太喜歡，她沒想太多，就租了下來，資金不夠，向銀行貸款三百萬元，將空間打造得非常呼應品牌強調健康的精神，很自然、舒適，「我們不以量爲主，是精緻的服務，二樓只有九個位置，讓客人在被服務的過程不會受到干擾。」經營三年後，再將一樓商品區旁的店面租下打通，現有七個座位、以洗頭和精油按摩服務爲主。

面對全新市場，初期承受不小的壓力，「不知道這裡這麼競爭，爲了宣傳印了很多 DM 地毯式的發放，理事長建議我們將地圖攤開來，兩人一組去投信箱，包括中正區、大安森林公園附近等。」因 AVEDA 規範很多，初來乍到永康商圈吃足了苦頭，爲了宣傳，勢必要有些優惠，但是品牌局限多，「我們和百貨公司專門店要一致，不能用低價策略，剪髮、燙髮、染髮不能有優惠，商品也不能打折，這是合約規範，這是一開始比較辛苦的地方；品牌也要求不能送東西，或給特殊優惠，要依照他們既有的模式，並強調環保，如客人購買商品，一般廠商提袋是送的，在這裡要花錢買，客人會覺得我們小氣，其實是希望消費支持環保，若不需要提袋就不要拿。」

主顧客捧場和品牌加分，開店第一個月就賺錢。附近居民，包括住在永康街、青田街、麗水街……的公教人員、律師、醫生、老師等，漸漸成爲熟客。她分析，這群人的生活模式沒那麼流行，步調簡單、較爲保守，「我們用心經營有吸引到這些人，加上一樓有販售商品，住在附近的客人以前要去新光三越、微風廣場才買得到，現在住家附近就有在賣，會就近消費，也增加店內收入。」

「在舊店時，舊客比例占八成，這裡以新客爲主，又是一個成熟的商圈；以

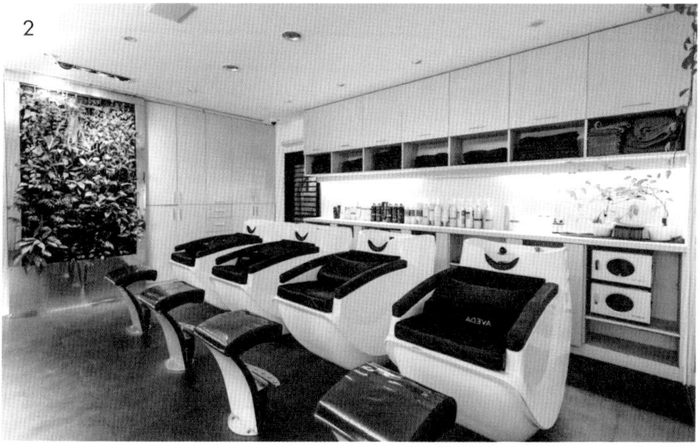

1. 一樓有 AVEDA 商品的販售，服務以舒壓按摩及洗頭為主。

2. 空間設計呼應品牌強調健康的精神，自然舒適，有如置身野外。

前要把技術層面顧好。這裡更強調服務，因爲我們高單價，要付出更多心力去了解客人，在剪燙染之前花很多時間和客人聊天，有時候像『問診』一樣，這是達到完美服務前必要的資訊收集，也是教育訓練的一環。」她比較今昔在經營上的差別，像是常和店長確認熱敷機沒有熱，因爲客人對服務的要求更高，所以開會時經常和夥伴討論，確認服務的是高消費客層，就要將很多事情及能力提升到更高的水準。

呂娒菱說，來台北市超級戰區永康商圈開店是許多同行的夢想，「很多人都想來永康商圈，這裡是甲級戰區，很不容易進來，想存活也很困難，每天都要接受各式挑戰，現在店裡人員比以前多，要處理的事情更多，我本身不是念經營管理，遇到事情想辦法和每一個人溝通、試著把問題解決。」同時，她要考慮的客層更廣，包括在地族群和觀光客族群的需求都要兼顧，「在地人要求服務品質，來這裡要放鬆、舒服的環境，甚至有時兩位員工服務一個客人。」

二〇一三年來永康商圈，她和夥伴都進步許多。「AVEDA 提供國際化平臺，非常鼓勵設計師出國，每年要到美國交流，除了技能，在經營管理上也提供一套與以往不同的東西及專業流程。」她強調，工作和人有很大的關係，希望夥伴多去體驗生活，多去看世界，和不同的人交流，對設計很加分，思維也不會很局限。「只要店裡的設計師想要出國旅遊或進修，我們都會給假。」每年她也會到美國受訓，並帶著設計師赴歐洲見習，「最近 AVEDA 在歐洲舉辦一場時尚秀，我和兩位設計師才從米蘭參加限制名額的自費課程回來。出國可以了解到世界很大，光是 AVEDA 歐洲和美國團隊，做出來的髮型就有很大的不同。」

愛美的呂姊菱也期許自己，不只是當個「髮型設計師」，還是「美的顧問」，店裡如同「美的平臺」，「有些客人會問我要不要陪她去買化妝品，我會抽出時間，陪她逛街，幫她挑選適合的東西，我很喜歡這樣；有時候看到漂亮的髮飾，也會買給客人。」她發現自己的工作更加多元，不知不覺的、在永康商圈實現夢想。身爲經營者，她也努力讓夥伴在工作中得到成就感，在這個全台第一名的商圈裡將自己打造成別具特色的品牌。

芋頭大王

五十年老店，用手藝站穩永康商圈

理事長帶路

第一代芋頭大王老闆堅持傳統古早味，積極研發產品，做出美味的甜品，藉此立足永康商圈。由二兒子和媳婦接班後，夫妻倆傳承父親好手藝，來客數不斷成長。他們不僅對產品很要求，維持原本的古早味，也因應年輕人和觀光客的喜好，研發創新甜品。他們的服務親切，甜品可口美味通常一試成主顧，也把店面維持得很乾淨，讓人覺得很舒服。永康商圈能將這個位置做起來的，只有芋頭大王。

INFO

芋頭大王

地址：106 台北市大安區永康街 15 之 4 號
電話：02-2321-7649

永康商圈「芋頭大王」是間五十年老店，它隱身在永康街十五號的樓梯底下，必須特意繞進去，才能看見隱蔽的店面。然而，一走進去，別有洞天，明亮的設計和空間，讓人絲毫沒有壓迫感，坐在裡面吃碗冰，馬路上的車聲及熱鬧的人群，被樓梯擋住了，食客得以置身在城市靜謐的一處，享用眼前的甜品和安靜的時光。

現在，這間店由第二代接班——二兒子和媳婦。住在附近的熟客李媽媽說：「我在民國六〇年代搬來永康街就開始吃，他們家的芋頭比較道地，不爛，整塊炊過，很好吃，從第一代做的時候就是常客，現在第二代夫妻接班，東西都是自己做，很認眞。懷舊的時候就會過來買一碗，夏天吃冰的、冬天吃熱的，都好吃。」

芋頭大王創立五十年能夠屹立不搖，就是做出別人無法模仿的芋頭口感。儘管位於熱鬧街道的角落，靠著無敵美味，散發強大光芒，食客絡繹不絕。芋頭大王創辦人李秋榮說，在找店面的那個時候，永康商圈一店難求，「出現一個店面，就緊緊的抓住，不管地點再怎樣差，都要開。」後來，不少算命先生到店裡來，看到風水說這是壁刀煞，問他家裡有沒有發生什麼事？「我說沒有，都很好，他們搖著頭離開，覺得不可思議，可能是傻人有傻福吧！我不怕死。」

第一賣冰，第二做醫生

他一輩子，都帶點傻氣，因而有好的機運。創業之初，只是單純的想讓家人過更好的生活，看到人家賣冰，覺得進入門檻不太高，民國五十幾年就研發出創新口味，和太太李蕭水蓮在中華商場賣起冰，直到二〇〇八年兩人才退休。

「我的老家在雲林，那裡沒什麼工作，就算有也養不起家。」二十出頭，李秋榮就搭著火車獨自北上找工作，「坐了好久好久的火車，才到台北。下了台北車站，眼淚都快要流出來，我一個人糊里糊塗的搭上火車，只知道年輕人要出來闖盪，到了台北才突然發現人生地不熟。」他的口袋裡只有幾百元，面對陌生的都會城市，去那裡吃飯？到那裡過夜？他全都不曉得，「那種痛苦，現在的年輕人很難知道。有時回憶起來都覺得很心酸。」

最後，他乾脆睡在火車站，「隔天四處問人那裡有工作，有人告訴我去基隆，那裡有工業區，會有工作。」他在工業區找到工作、待生活穩定後，將在鄉下的老婆、小孩接來同住，「那時公家機關課長一個月薪水一千二百元，我每天拚命加班，做得要死要活，加班加到可以拿兩三千元。但是身體快要垮下去，有一天主管告訴我：『老李，不要再加班了，你會累垮，從來沒有人像你這樣。』」

「做三年，我不甘願自己每個月只賺那些錢，薪水這麼少是要怎麼生活？我從南部好不容易來到台北，難道就是爲了賺這幾塊錢嗎？」他說：「我的個性比較不認輸。」那時他搭火車上班，都會經過中華商場，經常看到一個外省人在那裡做生意，好像賣得不錯，「來台北的時候，這座城市還不是很熱鬧，只有一條街有人氣，就是中華商場，那時才正要開始，很多店都沒人經營，像廢墟。我想，這裡怎麼這麼荒涼。」他觀察，中華商場共有八棟樓，做生意的寥寥幾間，大多是賣衣服、開小吃店，其中五棟的二樓比較有人氣，他認爲可以進去做看看。

「我也不清楚要做什麼，想像中賣冰不用技巧，用賭一下的心態去做。」剛開始，仍在上班，太太在中華商場擺攤，下班後再去店裡幫忙，「她在料理方面很在行，煮紅豆、綠豆、玉米、麥片、花生，看人家賣什麼，回來就跟著賣。」

第一代老闆李秋榮說起創業歷程，靠著拚勁和獨特的眼光，用芋頭創造新的契機。

第一天，一碗七塊錢的剉冰，竟可以賣到七千元，賣冰好賺到連他自己都覺得很不可思議，「我心想，這個生意怎麼會不能做？」他們很會跟隨流行，「有時去西門町逛一圈，看人家賣什麼，回來自己做，也做得不錯。」

煮芋頭好吃的祕訣就是用心去做

一回，有人告訴他，芋頭便宜又好吃，當時市面上不太有人將它放進冰品。李秋榮覺得不錯，開始研發。他將市場上所有芋頭都買回家試做，「芋頭的品種很多，像屏東、花蓮、大甲……不同產地的味道不同、做法不同，都要試。」煮芋頭的方法是他自己想出來的，他說在這方面「可能有些天分」，「我將芋頭切成塊狀，整塊下去煮，才不會爛。」最難的地方是：如何將整顆芋頭從頭到尾都煮爛，「頭尾最難處理，剛開始不會煮，煮出來頭硬、尾軟，抓不到將芋頭整顆煮得軟硬差不多的要領，尤其是屏東芋頭，頭部都煮爛了，尾部不爛。」一心想要做出來，不惜成本，一直試做，他誇張的說：「倒掉一卡車的芋頭，都不敢告訴老婆。」

「可能是天公疼憨人，我連飯都不會煮，也從來不下廚，竟然會煮出好吃的芋頭。」在他的努力下，做出來的芋頭，甜而不膩，不會糊糊爛爛，相當軟Q，放在冰裡或做成熱食都很美味，「當我做出咬下去Q到超好吃的芋頭，就知道以後要靠芋頭了，我的命運在那一瞬間決定。」獨一無二的芋頭口感，讓客人一吃上癮，一再光顧，口碑相傳，他將中華商場的剉冰生意做起來。

「每天下班後回家煮芋頭，煮到天亮，再到中央市場買食材。」台灣景氣正好，工廠也很忙碌，有時加班到深夜十二點多回到家，再煮到凌晨四、五點，「我常常晚上一個人做到筋疲力盡，都會流眼淚，苦在心裡，老婆沒有感受到我的壓力和痛苦，兒子還小，要向誰說？」天亮後，他出門上班，「整夜沒睡，一看到太陽，眼睛被陽光刺到，都張不開。」有時累到早上睡過頭，只好搭計程車上班，就在計程車上睡著了。

在中華商場的生意紅火了幾年，然而好景不常，競爭者不斷出現，「有很多人學，從第三棟到第七棟都在做冰，也在賣芋頭。」他帶動人們到中華商場吃冰的流行，卻因店址不佳，吃了很大的悶虧，「我們的位置在中間，客人從兩側樓梯走上來，還沒走到我們的店，就被別人搶走。」正在苦惱生意下滑之際，貴人出現，「一個熟客住在永康公園附近，希望我能到這裡擺攤。他說，你來永康公園，這裡吃冰的人口很多，而且客人的水準比較高。」

一九七〇年代，他搬到永康公園，攤位就在水溝上，再擺幾張桌子，做起小生意。賣冰的這幾年，他一直想離職，主管卻不肯放人，他決定狠心離職，「有一天主管來攤位前，站在那裡看我做生意，我要怎麼表現我的不好意思？心裡尷尬到要哭出來，畢竟大家相處那麼久、有感情。但是生意好到老婆一個人做不來。我告訴他，在這裡兩天就能賺到公務人員一年的薪水，我爲什麼不做生意？幹麼要去上班？」

那時永康街很熱鬧，周遭有許多學校，他回憶政大、淡大的學生下課後都會到這裡吃冰，「一次遠遠的，看到一群學生走過來，大聲的說：『我們現在要去傻瓜冰店吃冰』。」李秋榮笑道：「學生都叫這裡是『傻瓜冰店』，他們要求多加一點料，或是冰多一點，我沒有第二句話，直接給。」吃冰是奢侈品，一碗冰比自助餐還貴，客人想來吃，代表產品具吸引力，甚至有學生整天沒吃飯，卻來

到現在芋頭大王的芋頭，
仍然是整塊煮軟煮透後
要吃再分切，吃起來才
會軟 Q 不糊爛。

吃他的冰，「曾有一個女生說，老闆我一天沒吃東西，好餓喔！佐料多給一點，聽到這句話，能不給嗎？做生意要對人釋出善意，爲什麼這麼傻，人家要就給，但是我不和人家計較，錢不用賺得多，生活過得去就好。」

他們做的芋頭、紅豆、綠豆、花生都很好吃，路邊攤時期，客人經常要站著，或倚在公園旁的欄杆吃，生意好到沒有時間洗碗，「那時候的大學生很好，有時候一來，不是吃冰，是蹲下來幫忙洗碗，洗好了才吃，很有人情味。」附近居民多是達官顯貴，也愛上了他的芋頭，他驕傲的說：「吳伯雄、許水德，都是常客，吳伯雄常和老婆來，他太太很喜歡吃，問我說你的冰怎麼這麼好吃，你怎麼這麼會做芋頭，也常常來外帶。」那是吳伯雄、許水德輪流當台北市長和內政部長的時代。

一九九五年，永康街十五號有間店要出租，他沒考慮就租了下來，和老婆各據一方，「她在永康公園擺路邊攤，我顧店面。」後來，公館商圈崛起，比永康街還要旺，有客人問他要不要去公館開間分店，保證比現在賺得還多。李秋榮說：「我在這裡每天做到都要累死了，沒有一點喘息的機會，和太太兩個人每天都要用爬的回家，沒辦法再做了。」

每天煮芋頭，李秋榮煮到後來很有心得，「一年四季都不同，要怎麼煮，我心裡有數，別人沒有那個能力。」因此，雖是小店，他的芋頭用量卻很大，「我一天用兩包、一百斤芋頭，叫貨的時候，對方還覺得不可能，你店那麼小，怎麼可能用得到那麼多。」後來，批發商都很好奇，紛紛前來永康街吃芋頭，並見見本人。

善選食材、連批發商也稱讚

在過去，芋頭是難銷的農產品，批發商對他自然很感興趣，「我做到人家都會主動來向我推薦芋頭，大甲批發商特地來台北找我，屏東的也來。」爲了品質，他都要求對方拿最好的芋頭，「我從來不討價還價，他們沒看過這種老闆，很願意和我做朋友。」他也不吝誇獎自己：「我很會挑芋頭，芋頭一摸下去，就知道好不好吃。」甚至中央市場批發商朋友也拜託他去幫忙，「批發商採購時是一大批芋頭擺在面前，要會挑，而且一次就進一大批，買到不好的，很有可能賠錢。」

儘管每天工作已經累個半死，還是答應，「老婆罵我，你哪有空，但是朋友，他又常幫忙送芋頭，我能怎麼辦？對方叫了一輛計程車，將我帶上車。」

兩個兒子相繼長大，他有意傳承，一九六八年出生的大兒子在很年輕時就跟在身邊學習，後來到南機場開分店。一九七〇年出生的二兒子原本不想回家接班，在外面工作，直到婚後才回來，「他（二兒子）和媳婦回來說要接，我問他會不會做，他說會，可能是以前在家每天看我做，都看懂了。」於是，他和太太將店一放，就交給他們，也不插手，「要讓小孩自己去試，不要管他們，才會成長。」幸好，兩兄弟都很爭氣，承襲他的手藝，做得出色。

二兒子接班後，芒果冰已經是永康商圈的人氣商品，成爲觀光客到這裡必吃的美食之一，看到這個趨勢，他跟著潮流，也賣起芒果冰和雪花冰。同時，將芋頭和芒果搭配起來，做出創新產品。

二媳婦說，店裡的招牌是「芒果芋頭雪花冰」，「將芋頭和芒果搭配起來口感酸甜，很好吃。冰磚也很重要，比較很多家後，選擇有牛奶糖口味，又不會甜的雪花冰，配上芋頭就口齒留香。」「芋頭雪酪雪花冰」是店內人氣商品，她自豪道：「我們的奶酪很有特色，綿綿密密的，一顆三十元，因爲成本比較高；有一次一群客人進來，一個人點了一碗有加奶酪的雪花冰，太好吃，後來說要加點十顆。」

研發產品時，他們努力思考現代人喜歡吃什麼樣的冰品，增加「香蕉戀人雪花冰」，「這是小朋友的最愛，用整根香蕉，再灑上巧克力醬；做這個最麻煩，要現剝、現切整根香蕉，現在香蕉又很貴。」「寶貝粥」則是兒子的最愛，用桂圓粥加入紅豆、花生、湯圓，原本是她在家做給小孩吃的甜品，後來才拿到店裡賣，是值得驕傲的自創產品。

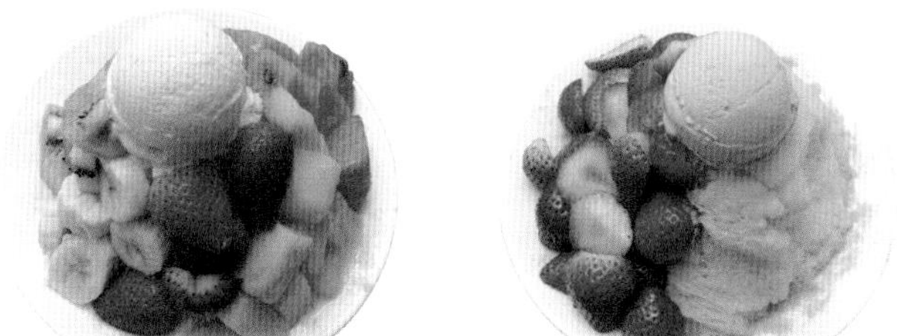

第二代接班後，努力研發新產品。

兩代傳承創新，擦亮老店招牌

夫妻倆接班後，積極引進新產品、新作法，並改良上一代以傳統攤位的經營方式，將設計店面得更具現代風，綠色牆面讓室內顯得清新、空間更開闊明亮。因位在樓梯的下方，將招牌做更明顯，再重新設計LOGO，加上可愛頭髮的「芋頭寶寶」，讓整間店更活潑可愛，「店面改裝後，觀光客會注意到，生意確實更好了。」隨著永康商圈發展，業績攀升許多，再將原本的兩間店面，擴充爲四間，分別租下原店隔壁的兩間小店營業。

二媳婦說，接下公婆的店後，先生負責買原物料及煮食材，她負責管理和銷售，「我先生是金牛座的，他很龜毛，管得很細，要求很高，什麼都要做得很完美，都要按照他的要求，在品質上堅持、環境也要保持得很乾淨。」她笑道：「他偶爾會來店裡，他一來，我們的壓力就會很大。但是，我能適應，因爲自己家也在賣自助餐和剉冰，國小三年級就在家收碗、洗碗，習慣做這些事。」

芋頭大王第一代李秋榮打下的根基，傳到二代，做得更好，他說：「我告訴兩個兒子，要感激父母，留給他們這麼好的事業，要更認眞努力做。」回想自己二十歲出頭就獨自北上打拚，四十年後，留給兒子這麼好的品牌和口碑。幾年前退休，過著含飴弄孫的日子，有許多時間回憶過往。他笑道：「我很自戀，喜歡回憶，覺得自己有辦法在台北生存，想起來都會笑，很佩服自己。」有時午夜夢迴，他也會想起過往艱辛，忍不住掉下眼淚，無論痛苦也好，快樂也好，他都能很快打起精神、埋頭苦幹。兒子們也學習到他的處事態度，用心顧好「芋頭大王」的招牌，做出讓他驕傲的好成績

照起工精品茶

南投茶農的茶店，高山茶葉及茶葉冰淇淋

理事長帶路

在永康街一百二十二家茶店裡，「照起工」是唯一有自己茶園的店家，自己種茶、製作、銷售。老闆很老實，很保守，他不是生意人，是藝術家，認真的種茶製茶，依照著古法製茶工序、做出很棒的茶。因為「照起工」，他的茶才能夠散發出「台灣香」，像這樣的人就要幫他行銷，我要將他的茶介紹到國際，讓更多人喝到他做的茶，知道台灣茶的美味、甘甜。

INFO

照起工精品茶

地址：106 台北市大安區永康街 45-1 號
電話：02-2394-3535

ZQG Ice&Tea

地址：106 台北市大安區永康街 30-1 號
電話：02-2356-9090

「我們仍然堅持用傳統方式製茶，做出來的茶甘甜，不苦澀，非常符合古語的『照起工』，意思是嚴謹不求快速，按部就班完成所有步驟，於是就取了這個店名。」照起工精品茶老闆吳東隆是個茶園主人，二十二歲那年接下父親吳以文在龍鳳峽杉林溪海拔一千八百公尺的茶園後，原本生產的茶直接賣給批發商和茶館，二〇一三年他決定走進永康商圈開茶店、行銷茶，因爲在法國文化辦事處上的一堂課啓發了他。

「那堂課是曾在中國當過大使的法國文化辦事處處長上的課，在課堂上他談及在法國喝牛奶，會問是哪一品種的牛？養在哪裡吃什麼草和飼料長大？喝紅酒，會在意是那個莊園？那位製酒師？葡萄在怎樣的風土成長和用工法釀出來的？他們不在意是不是在五星級飯店吃飯，更講求工藝精神。所以法國會頒發『最佳工藝師』（ＭＯＦ），有麵包大師、冰淇淋大師、水泥工大師……，注重工藝精神的創新與傳承。」

二十二歲接下茶園，他說一開始自己不是很懂茶的經營，「我只知道這個茶做得不錯，想辦法把它賣掉，卻沒辦法賦予它更好的價值和更深的內涵。」這堂課如同當頭棒喝，敲醒了他，才知道原來品牌不是一個名字，也不只是產品，而是來自母親大地，「自己種、自己做，對客人來講就會有一種對土地歸屬的認同感。好的茶品牌不是只有華麗的包裝，而是實實在在的從土地而來的感動。」

透過這堂課，他發現原來自己也能做茶品牌，將好茶介紹給大家。於是決定進入台北永康商圈開

吳老闆希望讓年輕人也愛上茶香。

店，「小孩在附近上托兒所，偶爾會經過，這裡的人文氣息濃厚，如果有一天做品牌，就要來這裡，讓更多人看見我們。」如何賣茶？讓人了解他製茶的用心。他從現泡茶飲開始，賣現做的茶飲，一杯八十至一百二十元，他解釋：「要讓客人先喝到正統台灣茶的味道，覺得口感很不錯，不加糖也甘甜不苦澀，進一步好奇的問道，有沒有在賣茶葉。」現在，更進一步做起茶葉冰淇淋，將東方美人茶、炭焙高山烏龍茶、文山包種茶等等台灣好茶，做成回甘不甜膩的茶葉冰淇淋，讓年輕人了解台灣茶原來也可以創新，喜歡後進而想要多瞭解茶的文化。

爲了做一杯自己想要喝的茶

上山種茶是從他的父親開始的，「民國七十五年朋友送他一包杉林溪龍鳳峽的高山茶，發覺口感非常清新、飲後回甘，後來想購買茶葉，多方詢問與尋找，因爲當地的茶葉產量稀少，即使親自到產地也買不到，後來友人戲說：『你爲何不自行種茶製作？』父親覺得這也是一個方法，乾脆買一塊地，自己來種。」父親在南投杉林溪龍鳳峽買了一塊地，開始種植高山烏龍茶，取名「種德茶園」。吳東隆回憶在有一年三月，早上五點多，台北市天氣陰沈沈的像是要下起大雨，父親穿好衣服要出門，他問父親要去那裡。父親說在南投龍鳳峽茶園的大石頭陰涼處有二十多棵茶苗，如果沒有澆水可能會枯死。

他問父親：「爲了那二十多顆茶苗，有需要專程跑一趟嗎？」父親還是執意前往，從台北開二百八十公里的路途，去茶園觀察澆完水再回來一共五百六十多公里，那時候交通很不便利，沒有國道三號，先走中山高再走很崎嶇的山路，來回要十個鐘頭，一開始茶園的林道是普通車子無法進去的，要開四輪驅動車。「這件事情直到我正式接了茶園，開始愛上茶以後，才了解他的用心，他是去看整個茶園茶苗的情況，不是爲了那二十棵小茶苗去的。因爲那時候茶苗還很幼嫩，茶樹的根群還沒有往泥土深處長好，需要澆水照顧。」當時，茶園種出來的茶除了自己飲用外，也製作出茶葉成品後，出售給茶葉批發商。

「二十歲我就開始跑業務，是九份第一個去行銷茶葉的茶農，當初只有一家茶藝館是畫家洪志勝開設的九份茶坊，就是第一個跟我們茶園合作的店家。」

二十二歲，父親將茶園交給他。他說自己從小就喜歡大自然戶外運動，如釣魚、郊遊、爬山，也愛上在山林生長的茶園，「那年父親把茶園交給我，開始學習茶，和師傅一起來施肥、除草、製茶。」他年紀很輕，對茶仍然懵懂。

接下茶園後，經常住在山上，到了製茶季節，和師傅們一起工作，「在山上晚上仰起頭就看得到銀河、星星，很美，到了山上會發現，眞的有春夏秋冬、有刮大風打雷的夜晚、有時夜很黑很深，一個人還是滿孤單的。住在農舍裡，晚上風吹過鋁門一直發出叩叩叩的聲音，好像有人一直在敲門，一開始以爲有人在敲門會睡不著。」

父親做茶葉時，就抱持著想種茶給自己喝的心情來做，吳東隆也依照父親的方法種茶、製茶，過了十七個寒暑後一直到三十九歲那年，「有一天喝到自己做的清香烏龍茶，覺得胃會悶悶、刮刮的，不是很舒服，如果喝了茶會感覺苦澀，全台灣那麼多愛茶的人，生活在城市裡很緊張，在放鬆之餘想喝茶，卻沒有辦法喝到品質的茶，那麼我種茶製茶就沒有意義。」爲此感覺苦惱，過了幾年毫無辦法，曾經一度想要放棄，忽然他想起聖經的一段話，馬太福音第二十一章二十二節：「你們禱告，無論求什麼，只要信，就必得著。」幫忙製茶的張師傅也說：

「沒關係，可以想辦法再改善茶葉的製程。」

拜師學藝發現製茶祕密

「文山坪林有很厲害的製茶老師傅，我決定去拜師習藝，向老師請教製茶問題，如何將茶的苦澀拿掉，製作出甘甜不苦澀有花果香氣的烏龍茶。」透過在茶桌上指導交流，他吸收老茶師告訴他要留意的幾件事，回到茶園後試做，「我認真去做，慢慢就抓到竅門，上山採五天的茶，我會做五個實驗組、對照組，從中找到適合的方法，留下好的，拿掉不好的。」一天一個實驗努力製作學習，慢慢得到了經驗後，發現製作好茶工法很複雜，「茶要做出回甘不苦澀、還有香氣，眞

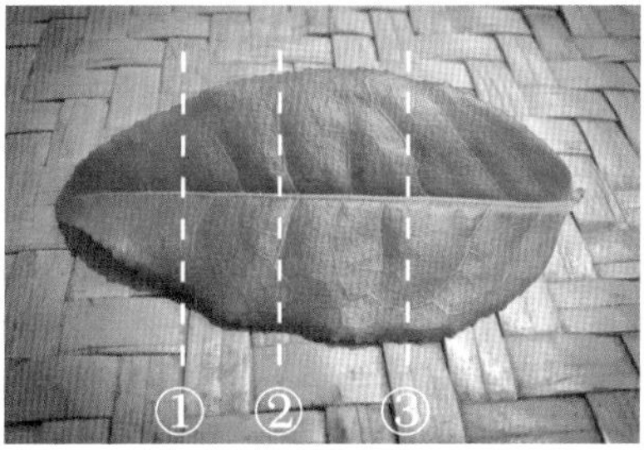

茶香解密：浪青走水程序不能少，照起工做足醱酵自然香。左圖為浪青次數水走概率圖。

單一茶葉細胞示意圖：

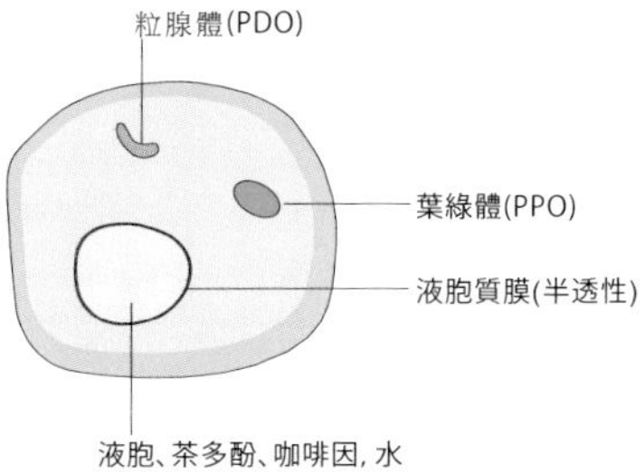

的不是很容易。」

茶師傅教他的方法，就是要按部就班照起工製作，製茶的過程一個步驟都不能省略，尤其「浪青」（用雙手攪拌茶葉，促進茶葉醱酵走水的過程）最爲關鍵，最少要做足五次，「它的程序很麻煩，又花時間，現在製作烏龍茶都是在這個步驟省略，大約只做三到四次。但是最少五次工序做完，才能讓茶葉醱酵度高，茶湯溫潤香氣十足。」他進一步說明：「一片成熟的葉子裡面有五千萬個細肥日光萎凋後液胞膜失去水的半透性，透過茶葉裡的轉化酵素它們不會乖乖的一次就全部作用完，所以要『照起工』的做，葉子的苦澀水要慢慢地轉化，一次、二次、三次、四次、五次，一次又一次，一層又一層的讓脂型兒茶素轉換，最後連茶骨裡的苦澀都要抽出來轉換，到葉子裡進行氧化醱酵，醱酵度高的茶葉泡起來才會甘甜不苦澀。」

「浪青」的工序繁瑣，三次用手、兩次用竹編的機器（後面兩次稱爲小浪和大浪，放在竹子做的機器裡，葉片慢慢轉動著）。這個過程就是幫助葉子內的水份流動，促進兒茶素氧化醱酵，「浪青靜置兩個小時後，把茶葉集中在笳笠的中間，用手輕輕的翻動，輕輕的喚醒茶葉繼續進行走水醱酵」如此反覆三次。用手翻動的時間雖然很短，約三十秒，等待的時間卻長達兩個小時。後面兩次是小浪青、大浪青，加起來總共約需要十六到十八個小時，才能進入聚堆醱酵四個小時然後再炒青的步驟。

「二〇〇八年開始，我依照茶師傅教導『照起工』的方法製茶，過程是一步一腳印，如同古語的『照起工』，店名也取這個名字，它讓我有更多的使命感，每一次去山上製作茶葉，就要提醒自己要按照步驟，一定要把茶的甘香醇做出來，去除茶葉的苦澀。所以製作的茶葉會絡合比較多的游離咖啡因，因此『照起工』的茶喝了比較不會睡不著覺，而且喝了會放鬆，比起青澀醱酵不足的茶葉來說比較不會影響睡眠。」

吳老闆透露，製茶的祕密在於耐心和細心，製作的步驟繁多，首先是採摘茶葉，採茶姑娘熟練地把茶葉採摘下來，一定數量後進行日光萎凋的過程，日光萎凋適當後再移到室內。將茶葉攤在竹子製笳笠上，進行室內萎凋。透過手工浪青攪拌，聚堆發酵，經過大浪後，將茶葉聚堆醱酵，就會有微發熱的狀態，此時茶葉會發出香氣，有時候會出現花果香、蘋果皮的味道，甚至有淡淡的茉莉花、梔子花、蘭花等香氣，他解釋：「茶葉裡面約有〇．〇三%的芬芳精油，有萜類、醇類、酸類、酯類，很多的香氣形態，透過醱酵靜置，茶葉就會聚合香氣，如果製茶的醱酵度高，就會有花果草蜜沈等等的香氣，這是上帝賜給我們從風土來的天然風味。」

土壤造就台灣獨特茶香

「台灣清香烏龍茶是世界上獨有的風味，因爲台灣是海島型氣候，起霧點低，茶葉含水量高，茶青不易纖維化，只要製作工法得宜，可以製造出世界頂級的烏龍茶，香氣芬芳滋味回甘細膩。」在店裡客人上門時，他會泡上一壺茶，讓客人聞聞茶的香味，看茶湯的顏色再啜飲茶湯，感受到茶湯入喉後的甘甜，好的茶能讓口齒生津回甘久久不散。只要喝過好茶，這滋味讓人難以忘懷，就會想要再去尋找這個味道。

在自家山林種茶，吳東隆說他不會在土地上施很多肥，過多的有機肥料對茶葉是種肥毒，善用雜草就可以將土地養肥，草纖維的碳氮比是一：三十，茶樹需要的是一：二十五；長太長的綠草砍下來當綠肥，草的根群又可以幫助土壤呼吸，「所以我們的土很肥沃，雖然沒有用很多很多有機肥料，在茶園用草生栽培的概念，讓土壤的微生態系更完整。這樣種出來的茶葉產量雖然不多，品質卻可以提高很多。『茶』這個字拆開不就是草、木、人的和諧共生嗎？」

現在養生意識抬頭，很重視農藥殘留問題，「在台灣茶葉上都使用脂溶性農藥，不溶於水，水是泡不出來農藥的，目前台灣農藥安全殘留合格率是九十七．五％，基本上都很安全，茶農在施藥方面都很謹慎，尤其客戶在買茶時，都會要求提供SGS農藥檢驗報告。」

「我想要提供更健康的茶葉給大家。」他強調從農藥的篩選、施藥的標準、殘留量的控制都很要求，「我只用日本、德國原廠的農藥，殘留期短不需要使用太多次，如果別人一季茶葉噴五次我噴兩次，施藥的安全期限要拉長就不會有那麼多農藥殘留，對人對土地都好。」他表示，現在科學儀器很進步，農藥要謹慎的使用，因爲食品安全還是第一重要的事。

茶葉在人類使用歷史上有數千年，因為喝茶讓人類避免水源汙染細菌的侵襲，除此之外，茶帶給人的好處還有心靈層面的昇華，再來就是健康的影響。茶葉在抗氧化消除自由基，預防阿茲海默症和帕金森症都有醫學報告，且不斷地發現新的證據，烏龍茶裡的「烏龍多酚」，對於癌症的預防與治療都有科學上的印證。

目前根據科學的研究，抗癌症最有效的第一是台灣高山烏龍茶，第二是紅茶，第三是普洱。製作優良的烏龍茶、紅茶、普洱茶，只要飲用方法正確對人體都有好處。許多人餐後會喝茶去油解膩，然而兒茶素和蛋白質結合會增加腸胃的消化負擔，在飯前喝茶可促進腸胃蠕動，飯後要一個小時後喝茶，才是正確的喝茶養生之道。

創新，就是把傳統文化向前推進

到永康商圈銷售茶葉及茶飲後，他不走傳統中國式茶店，因發覺喝傳統茶的人口不斷流失，年輕人又愛喝手搖飲，於是賣起他們能接受的原味茶飲和茶冰淇淋。裝潢走年輕時尚風，用茶文化吸引人，爲突顯茶文化，他找來人文攝影師林聲到茶園攝影，拍下傳統製茶的文化內涵，「我要把茶與土地的關係，傳達給客人，告訴大家我們是如何製茶，茶是怎麼來的，用好滋味感動客人。所以我們用來自土地的堅持訴說著茶葉文化內涵，不是用裝潢讓客人產生好奇心走進來喝杯茶。」

爲了向年輕族群和外國遊客介紹台灣茶葉的美，他使用不同的茶葉，製作茶葉冰淇淋，試圖創造出更多的可能性，研究出很多不同的配方，像是：炭焙烏龍冰淇淋、日月潭紅玉冰淇淋、包種茶冰淇淋、東方美人茶冰淇淋、黑糖薑紅茶冰淇淋，所製作的茶葉冰淇淋茶香濃厚滋味回甘。目前不但廣受顧客喜愛，低糖低脂的獨家配方，吃了後不只回甘，還有濃濃的台灣人情味。

照起工也提供由東方美人茶燉煮的奶茶，選自新竹北埔老茶師所製作的東方美人茶跟鮮奶慢火燉煮一共三天而成，東方美人奶茶醇厚滿口芬芳，除了東方美人茶特有天然蜜香以外，有時還帶有淡淡的玫瑰花和熟果的香氣。這是很多老饕口耳相傳的隱藏版飲料，另外也研發多款鮮奶茶，來自日本京都的特級抹茶製作

照起工賣的不只是茶，還有背後深刻的茶文化和老闆的職人精神。

的抹茶拿鐵，特級紅茶與鮮奶構成的鮮奶茶則是眾多饕客的最愛。

吳東隆有三個小孩，老大、老二在國小三、四年級就跟著他上山做茶，「我教他們採茶、浪青，把自己學會的東西教給他們，以前製茶師傅教人要你照做，卻不一定知道茶的科學，我用傳統的製程加上科學的解說，教導什麼是醱酵原理和過程，什麼是來自土地的堅持與感動，讓他們製茶也養成喝茶的習慣。」

他傳承父親的茶園，再慢慢將自己摸索多年的知識和心得，傳承給下一代。從製茶、賣茶，到永康商圈做品牌，吳東隆訴說「台灣茶台灣香」的故事，也希望讓更多人能夠喝到他堅持製作的好茶，讓品牌如同茶的香氣一般，做得越扎實、越認眞、照起工的做，就會有被人們認同的一天。

品預行編目資料

理事長和永康商圈永不妥協的致勝祕訣／
隆 作. -- 初版 -- 臺北市：圓神，2017.04
240面；14.8×20.8 公分 --（圓神文叢；213）
ISBN 978-986-133-613-8（平裝）

177.2 106002012

Eurasian Publishing Group
圓神出版事業機構
用心與你對話．視野無限寬廣
圓神出版社
Eurasian Press

www.booklife.com.tw reader@mail.eurasian.com.tw

圓神文叢 213

放哲學：理事長和永康商圈永不妥協的致勝祕訣

作　　者／李慶隆
文字協力／彭芃萱
發 行 人／簡志忠
出 版 者／圓神出版社有限公司
地　　址／台北市南京東路四段50號6樓之1
電　　話／（02）2579-6600・2579-8800・2570-3939
傳　　真／（02）2579-0338・2577-3220・2570-3636
總 編 輯／陳秋月
主　　編／吳靜怡
專案企畫／賴真真
責任編輯／吳靜怡・鍾宜君
校　　對／鍾宜君・周奕君
美術編輯／潘大智
行銷企畫／陳姵蒨・張鳳儀
印務統籌／劉鳳剛・高榮祥
監　　印／高榮祥
排　　版／杜易蓉
總 經 銷／叩應股份有限公司
郵撥帳號／18707239
法律顧問／圓神出版事業機構法律顧問　蕭雄淋律師
印　　刷／國碩印前科技股份有限公司
2017年4月　初版
2017年11月　16刷

定價299元　ISBN 978-986-133-613-8